落雪有痕 润物无声
小学生品行养成与能力发展探究

董桂华 编著

参 编 张春苗 牟忠锋 于立萍
　　　 赵相菁 张钰萌 董俊焱

山东城市出版传媒集团·济南出版社

图书在版编目(CIP)数据

落雪有痕　润物无声:小学生品行养成与能力发展探究 / 董桂华编著. —济南:济南出版社,2023.6
ISBN 978-7-5488-5718-1

Ⅰ.①落… Ⅱ.①董… Ⅲ.①品德教育—教学研究—小学 Ⅳ.①G621.6

中国国家版本馆 CIP 数据核字(2023)第 111229 号

落雪有痕　润物无声
——小学生品行养成与能力发展探究

出 版 人	田俊林
责任编辑	赵志坚　李文文　孙亚男
封面设计	谭　正
版式设计	谭　正
出版发行	济南出版社
地　　址	济南市市中区二环南路 1 号(250002)
邮　　箱	976707363@qq.com
印　　刷	济南新科印务有限公司
成品尺寸	170 mm×240 mm　16 开
印　　张	15
字　　数	223 千
出版时间	2023 年 6 月第 1 版
印刷时间	2023 年 6 月第 1 次印刷
定　　价	68.00 元

(版权所有　侵权必究)

前　言

"润合"教育：温润之品　合融之育

党的十八大报告提出，"把立德树人作为教育的根本任务，培养德智体美全面发展的社会主义建设者和接班人"。此后，习近平总书记围绕坚持立德树人这一教育的根本任务做出了许多重要论述，提出了明确要求。党的十九大报告进一步强调"要全面贯彻党的教育方针，落实立德树人根本任务"。牢牢抓住立德树人的关键，落实立德树人根本任务，就是要全面贯彻党的教育方针，始终坚持社会主义办学方向，结合新时代的新要求将其全面落到实处。

2014年，教育部研制印发《关于全面深化课程改革落实立德树人根本任务的意见》，提出"教育部将组织研究提出各学段学生发展核心素养体系，明确学生的适应终身发展和社会发展需要的必备品格和关键能力"。2016年，《中国学生发展核心素养》总体框架发布，核心素养以培养"全面发展的人"为核心，分为文化基础、自主发展、社会参与3个方面，综合表现为人文底蕴、科学精神、学会学习、健康生活、责任担当、实践创新六大素养，具体细化为人文积淀、国家认同等18个基本要点。

核心素养是党的教育方针的具体化，是连接宏观教育理念、培养目标与具体教育教学实践的中间环节。党的教育方针通过核心素养这一桥梁，可以转化为教育教学实践可用的、教育工作者易于理解的具体要求，明确学生的必备品格和关键能力，从中观层面深入回答"立什么德、树什么人"的根本问题，引领课程改革和育人模式变革。

党的二十大报告着眼世界百年未有之大变局和中华民族伟大复兴战略全局，将教育摆在突出战略位置，对新时代教育改革发展做出了全面系统的部署。习近平总书记在党的二十大报告中特别强调，要加快建设高质量教育体系，发展素质教育，落实立德树人根本任务，培养德智体美劳全面发展的社会主义建设者和接班人。贯彻落实党的二十大精神，最为重要的任务是将高质量发展的要求转化为具体的思路和举措，落实到办学治校、教书育人的各个环节。

烟台经济技术开发区第六小学（以下简称"第六小学"）全面贯彻党的教育方针，落实立德树人根本任务，构建"五育并举"高质量育人体系，坚持以"推进学校科学发展，夯实学生人生基础"为办学目标，以"为每一个孩子撑起成长的天空，为社会培育理想、道德、文化、纪律兼备的合格公民、优秀人才"为办学理念，探索以生命成长、面向未来的教育改革之路，促进学生全面个性的发展，构建高质量"润合"教育育人体系。

一、"润合"教育的实践意义

润，出自《礼记·聘义》，意为"温润而泽"，在潜移默化中滋养与润泽成长。孔颖达于《礼记·郊特牲》中说"和，犹合也"。具体而言，"和"与"合"互为相通。"合"指世界的不同融合，合生、合新、合美等等，同样适用于学生生命的成长。学生生命的成长与全面发展，是在与文化、与自身的冲突与融合中实现的"和合"过程。"润合"教育即为"润育生命，和合共生"之意。

"润合"蕴含教育的博爱与智慧，表达基于实际的丰富教育生成，指向人与环境高度和谐统一的教育文化生态。第六小学"润合"教育实践，以多元的教学文化价值来消解教学中的绝对工具理性，彰显价值理性，将学生的全面发展作为五育融合教学的逻辑起点，在五育融合的整个过程中贯穿核心素养的培养，进而完成立德树人的根本任务，最终实现学生生命的丰盈。

二、"润合"教育的融合内涵

第六小学将立德树人的根本任务融入思想道德教育、文化知识教育、体育艺术教育、社会实践教育等环节，以校本化路径优化课程体系、教学过程、评价内容，通过"五育融合"系统化构建"润育"无声的教育生态。

润德，铺陈精神底色。学校将社会主义核心价值观融入教育全过程，引导和帮助学生把握好人生方向，扣好人生的第一粒扣子。以德育一体化为路径，充分挖掘胶东红色文化资源的内核，构建渗透红色文化元素的课程体系，通过文化蕴德、课程涵德、活动载德、家庭育德，引领学生践行社会主义核心价值观，"润育"成长，铸就品质。

启智，培育能力素养。坚持素质教育，引导学生培养综合能力，鼓励和培养学生的创新精神。遵循学生身心发展和教育发展规律，以"三四三"（养成三个好习惯：读书、学习、生活；培养四种兴趣：运动、阅读、科技、艺术；树立三个目标：立德、立言、

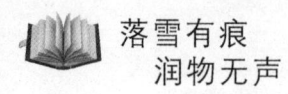

立行）育人目标为导向，通过"慧育"深度课堂建设、跨学科学习、家校共育等路径，培育学生终身发展的必备品格和关键能力。

健体，夯实发展基础。树立健康第一的思想，不断增强学生的体质，培养学生积极向上的健康心态，健全学生的人格。积极推动校园体育"一校一品""强校多品"等特色体育项目建设，引导学生积极参加体育锻炼，形成对健康与发展的深度理解。通过丰富体育教育的人文内涵，落实体育育人的重要使命。

合美，大美浸润生命。坚持以美育人、以文化人，提高学生审美和人文素养，充分发掘美育对人生发展的重要意义，让美合于课程、合于实践、合于生活、合于成长，让美育如同涓涓细流"润育"学生的生命。

笃行，笃行生成智慧。注重实践，知行合一，将实践活动、劳动教育作为"五育融合"的关键。重视"五育"之间的相互融通，彼此联结，"五育并举"推进学校教育的高质量发展。加强劳动教育，引导学生崇尚劳动、尊重劳动，在劳动实践中生成成长智慧。

"润合"教育将融合育人理念贯穿于教育活动的全过程，以实现各"育"目标相互之间的深度融合，5个不同领域的教育目标形成一个整体，通过部分的交织交融，实现整体的统一进步，打造综合化立体化的育人体系，实现人全面且完整的发展。

三、"润合"教育的实践路径

生命的全面发展不仅意味着拥有健康的体魄，更是智慧、道德与情感的高度统一，从而实现学生走向生命的丰盈。课程是落实"五育融合"的重要载体，"五育融合"是新时代坚持五育并举、融合育人的基础性和实践性问题，直接关系全面发展目标在学校中的实施。第六小学通过特色文化融合、课程教学融合、劳动实践活动融合3条路径，实现发展素养、"润育"成长目标。

1. 党建引领下的具有丰富内涵的"品行"之育

我校在打造"润物无声"的德育生态基础上，以课程涵德、活动载德、家校育德为路径，以"和合共生"为实践理论基础，探索一条致力于学生成长的共建共育、慧育共生的德育新路径。建设"三级课程"，铸牢德育成长体系，发挥德育教育主阵地作用，推行全科德育、全程德育，以校本特色课程搭建德育实践平台，丰富德育收获之美，"润育"学生成长。

我校以"红烛争辉·葵花追梦"党建品牌为引领，推进德育建设，夯实学生人生基础。烟台市地处胶东重要地理位置，学校在实施国家课程和地方课程的基础上，充分挖掘胶东红色文化资源，深化特色教育内涵，为学生搭建"七彩之梦"追梦平台。开展以"红"为主线的实践教育，引导学生传承红色基因，向英雄致敬，向英雄看齐，培养具有红色底蕴、时代特色的"新时代小英雄"。

2. 深度课堂下的面向发展提升的"素养"之育

基于"润合"教育推进深度课堂改革，重点对课程规划、教学评价、课堂转型进行实践探索，坚持求真务实、实践创新、提质增效的原则，真正把"育人本位、课程立意、学习中心"三大核心理念转化为实际行动，以发展学生核心素养为目标，全面提升学科育人质量。

我校以学科课程改革为抓手，基于单元拓展整合阅读、跨学科融合、信息技术支持下的深度教学实践探索，发展学生的学科核心素养。通过单元拓展整合阅读模式研究，开发阅读资源，提炼策略，有针对性、有计划地培养学生的语文核心素养。通过益智课堂学生思考力发展的实践研究，探索数学思维提升的有效路径；基于信息技术优化教育教学过程和评价内容，助力学生的核心素养发展。

3. 跨学科学习下的面向未来的"创新"之育

第六小学"小工匠实验室"发挥 STEAM 教育融汇创新教育、体验教育、项目学习的优势，尊重学生个性选择，挖掘学生创新潜能，培养学生善于学习、勇于探索、敢于创新的时代精神，促进学生全面发展。"小工匠实验室"以创新活动为平台，以课程实施为载体，多形式常态化开展创新教育活动，围绕课程体系建设、师资团队培养和教学评价方式探索，打造校园 STEAM 教育生态，逐步形成具有特色的学校创新教育体系。

跨学科课程建设围绕"润合"教育课程建设要求，以发展学生的关键能力、提升学生的核心素养、培养面向未来的合格建设者为目标，基于 STEAM 教育理念，进行语言、数学、科学、信息技术等课程的融合；基于跨学科教学设计，推进学校教育教学工作改革创新。

4. 家校共育下的形成合力的"发展"之育

落实立德树人的根本任务在于健全全员育人、全过程育人、全方位育人体制建设。第六小学注重家庭教育影响力和实践操作性，秉承"润合共育"家庭教育理念，通过学科融合、德育一体化、家校联动等方法，与家长携手打造协同育人的生态体系。家校携手，于点滴之中培养"习惯有养成、生活有温度、学习有效率"的"润合少年"，让孩子在润物无声、"和合共育"的环境中健康成长。

第六小学通过家校合作联动，创建家庭教育课程体系，形成了"1+3+N"家庭教育模式：以"润合共育"为核心，调动教师、家长、学生三方的能动性，开拓出多条切实可行的家校协同育人推广途径。同时，综合运用润合讲堂、润合心语、家长学校、主题亲子活动等方式，促进孩子良好习惯的养成，推动孩子综合素养的全面提升。

四、"润合"教育的教育成效

"润合"教育是立足教育发展新阶段、新要求的一种全新尝试。第六小学以发展素养、丰盈生命为目标，通过设计适性、适度、适时的教育过程，打造有宽度、有厚度、有高度、有长度、有温度的教育内容，多维度引领学生素养进阶，通过构建高质量教育体系，落实立德树人的根本任务，培养德智体美劳全面发展的社会主义建设者和接班人。

1."七彩之梦"追梦平台面向全面发展

我校持续深化特色教育内涵，为学生搭建"七彩之梦"追梦平台（金色品行之梦、红色文化之梦、橙色阅读之梦、绿色健康之梦、蓝色科技之梦、紫色艺术之梦、多彩行动之梦），引导学生将思想付之于行动，内化于心，外化于行。系列课程化的主题实践活动成为孩子们追梦的沃土，七彩梦的种子不断绽放新绿。"润合少年"在阅读、信息技术、艺术体育、社会实践等方面成绩丰硕，知识与能力全面发展。

2. 深度课堂建设引领素养生成

深度课堂强调为理解而教、为思想而教、为意义而教、为发展而教，使教学过程切实由以知识为中心转向以学生发展为中心。第六小学聚焦学生核心素养的培育，引领学科核心素养精准落地，以教学方式和学习方式的变革引导以生为本的课堂建设。

在烟台市首批基础教育教研基地建设中，我校结合"1+4"特色课程体系，践行"12345"深度课堂建设思路，开展了基础深度课堂的单元拓展整合阅读、益智器具发展数学思维、跨学科创新课堂等基于学科特点的实践研究，打造"以核心素养提升为中心"的发展课堂，让学生成为对自己负责的学习者，真正成为学习的主人，也让他们感受到生命的成长过程。

3. 润合课程体系促进终身成长

我校全面落实国家课程方案，以"五育融合"为主线，构建国家、地方和校本三位一体"润合"课程体系。围绕运动、阅读、科技、艺术小学阶段最重要的"四大素养"，丰富运动课程、阅读课程、科技课程和艺术课程"四大课程"的内涵，关注学生的生命成长，提升学生的审美修养，激发其创造潜力，助力学生终身成长。

教育创新没有终点站，第六小学向善、尚美、求实、创新的"润合"教育，一直在探索中发展，在发展中创新，以润物无声的姿态，给学子以滋养，与学子一起书写生机勃勃的成长篇章！

目 录

MU LU

第一章 "温润之品"学生品行养成探究 / 1

第一节 "五育融合",学生品行教育理论研究 / 2

一、学生思想道德现状分析 / 3

二、"五育融合",全方位塑造学生良好道德品行 / 4

三、学校、家庭、社区德育一体化模式研究 / 8

第二节 德育一体化,"家校社"三位一体实践探索 / 14

一、探索形成"学校倡导组织、家庭参与落实、社区实践体验"三位一体德育模式 / 14

二、以党建品牌引领优秀德育师资队伍建设 / 16

三、润物无声,不断优化校园育人环境 / 18

四、树魂立根,构建德育课程体系 / 19

五、活动培育,开展多彩德育活动 / 26

六、沐浴心灵,关注心理健康教育 / 29

七、知行合一,践行劳动实践育人 / 34

八、家校携手,组织亲子德育活动 / 37

九、履践致远,社会课堂德育研学 / 40

第三节　润德慧育,学生品行养成实施成效 / 44

一、特色文化建设,打造"润物无声"的德育生态 / 44

二、多维育人途径,淬炼"和合共生"的德育路径 / 46

第二章　"合融之育"学生关键能力发展探究 / 51

第一节　学生关键能力发展与深度课堂改革实践 / 53

一、深度课堂——学生关键能力发展载体 / 53

二、学校深度课堂改革实践探索 / 54

三、学校"1+4"特色课程体系建设 / 59

第二节　语文单元拓展整合阅读教学实践探索 / 63

一、小学语文单元拓展整合文本资源开发策略 / 63

二、小学语文单元拓展整合阅读教学实施路径 / 69

三、小学语文单元拓展整合阅读教学实践成果 / 71

第三节　益智教学路径研究助推数学核心素养发展 / 77

一、创新课堂提问,提升思维品质 / 77

二、立足益智课堂,发展思维素养 / 79

三、多元益智文化,浸润数学素养 / 85

第三章　"合融之育"学生创新能力发展探究 / 90

第一节　以创新能力提升为导向的"小工匠实验室"建设 / 91

一、"小工匠实验室"建设背景 / 91

二、"小工匠实验室"建设意义 / 92

三、"小工匠实验室"建设规划 / 95

四、"小工匠实验室"空间规划建设 / 98

五、"小工匠实验室"应用方案 / 101

第二节 基于STEAM理念的"小工匠创新课程"开发实践 / 105

一、明确创新实验室STEAM课程开发模式 / 105

二、明确创新实验室STEAM课程结构 / 108

三、创新实验室STEAM课程案例 / 124

四、基于STEAM理念的创新课程实施与评价实践 / 132

第三节 以创新素养提升为核心的"小工匠实验室"创新教育成效 / 136

一、创新教育实践生成学生创新关键能力 / 137

二、创新教育实践助力教师专业成长 / 152

三、创新教育实践促进学校内涵发展 / 164

第四章 "和合共生"家校协同育人生态体系探究 / 168

第一节 "润合共育"模式的实践探索 / 169

一、"润合共育"的内涵 / 169

二、"润合共育"的机制 / 170

三、"润合共育"的意义 / 180

第二节 "润合共育"家庭教育指导课程的研发与实施 / 182

一、理论基础 / 182

二、研究背景 / 183

三、指导原则 / 183

四、指导课程 / 184

第三节 "润合共育"模式的实施成效 / 212

一、亲子关系融洽,涵养良好家风 / 212

二、家校合作指导,培养良好习惯 / 220

三、深耕家庭教育,助力教师成长 / 222

参考文献 / 225

第一章

"温润之品"
学生品行养成探究

第一节 "五育融合"，学生品行教育理论研究

2022年10月16日，习近平总书记在中国共产党第二十次全国代表大会上的报告指出："教育是国之大计、党之大计。培养什么人、怎样培养人、为谁培养人是教育的根本问题。育人的根本在于立德。全面贯彻党的教育方针，落实立德树人根本任务，培养德智体美劳全面发展的社会主义建设者和接班人。"为党育人、为国育才，培养担当民族复兴大任的时代新人，是党和人民赋予中国特色社会主义教育的重大战略任务。立德树人作为教育改革与发展的根本任务，决定着发展素质教育的根本方向。《资治通鉴·周纪一》中说："才者，德之资也；德者，才之帅也。"人才培养一定是育人和育才相统一的过程，而育人是本。人无德不立，育人的根本在于立德。"立"意为树立，"德"是德行、道德，"立德"就是将"德"深入人心、根植人心的过程，促使人成为有德行的人。

未成年人思想道德建设工作，关系到国家和民族的未来，是育人育才的关键之举，是学校一切工作的生命线。第六小学秉承《中小学德育工作指南》精神，全面贯彻党的教育方针，落实立德树人根本任务，以陶行知先生的生活德育思想为理论支撑，结合学校实际和历史沿革，经认真研究和实践论证，打造"润合"教育德育品牌，"五育融合"加强青少年思想道德建设，全面提升学校德育水平。

一、学生思想道德现状分析

根据教育部《关于加强中小学心理健康教育的若干意见》，学校要积极开展对从事心理健康教育教师的专业培训，逐步建立全体教师共同参与的心理健康教育工作体制，但一些学校未能有效开展这方面的工作。其实，青少年心理健康本质上是教育的问题。部分青少年网络成瘾、早恋、厌学、消极被动、自卑自闭、注意力不集中、过于依赖、不自信等一系列问题已经成为教育的一个积重难返的症结。这说明其思想道德教育存在一定的缺失，具体表现如下：

（一）部分学生道德信念缺失

道德信念即深刻的道德认识与强烈的道德情感的有机结合，与道德意志、道德行为密切联系的道德观。道德信念从本质上看，是一种特殊形态的道德概念和道德观念。道德概念是学生所掌握的道德知识以及规范自己言行的行为准则。当前，部分学生对生活没有足够的热情，致使对学习失去兴趣，那是因为他们在学习中失去了导向——道德信念。没有道德信念的指引，学生就不能正确地理解个人与社会的互动关系，忽视自然生命与价值生命的有机统一。一些学生认为学习与自己对社会的贡献毫无关系，认为自己将来只是一个普通的工作者，因此对所处的社会、对自身的责任缺乏全面的认识，导致终日萎靡不振，思想上不求进步。

（二）部分学生缺乏创新精神

学生有没有创新精神关系到国家未来的长远发展。创新的时代呼唤创新教育和创新人才。我国从来就不缺乏勤奋努力、受过良好教育的学生，他们有理想、有抱负，但很多学生缺少创新意识和创新能力。目前学校德育的方式，多数仍是借助课堂上的学习完成，缺乏"以情动人"的情感教育。个人情感的发展是形成道德标准的基础。学生只有学会正确表达情感，才能避免很多心理问题，自身道德标准的建立也会水到渠成。

（三）部分学生知行不一

知与行，是我国古代哲学特有的一个范畴。古今先进的哲学家都认为，不仅要认知，更重要的是实践，只有把"知"和"行"统一起来，才能称得上"善"。马克思主义认识论从实践与认识关系的角度阐述了知与行相统一的关系。毛主席的实践论系统阐述了辩证唯物论的知行合一观。今天，面对青少年学生中存在的一些"知行不一，知而不行，行而无知"的现象，教育工作者都应认真思考"培养什么人，怎样培养人，为谁培养人"这个重要课题。对从小好好学习、爱国家、爱集体、遵纪守法等等，几乎每个学生都能倒背如流。但是，在现实生活中，有的学生的行为却往往与其背离，如论文抄袭、考试作弊、破坏公物等等，这都是教育与实践严重脱节的表现。

二、"五育融合"，全方位塑造学生良好道德品行

2019年6月，中共中央、国务院发布《关于深化教育教学改革全面提高义务教育质量的意见》，提出"五育并举"，强调"突出德育实效""提升智育水平""强化体育锻炼""增强美育熏陶""加强劳动教育"。2019年6月，国务院办公厅发布的《关于新时代推进普通高中育人方式改革的指导意见》提出"构建全面培养体系"。2020年3月，中共中央、国务院发布《关于全面加强新时代大中小学劳动教育的意见》。2020年10月，中共中央办公厅、国务院办公厅发布《关于全面加强和改进新时代学校体育工作的意见》和《关于全面加强和改进新时代学校美育工作的意见》。这些文件对新时代五育融合进行了顶层设计与具体部署，以高目标、新要求引领新时代全面培养体系的变革与发展。

"五育融合"本质上就是以立德树人为根本目标，构建高水平的育人

体系，其根本宗旨在于促进教育对象德智体美劳全面、自由、和谐发展。

（一）"人的全面发展"观："五育融合"的基础

"全人教育"萌芽于古代，受近现代教育理论的影响，在著名教育家小原国芳的教育实践探索推动下，于20世纪60—70年代逐渐形成一股思潮，多国学者对其做了进一步的发展与完善。"全人教育"思潮兴起于20世纪60年代的美国，现代意义上的全人教育理论由美国学者隆·米勒最早提出，后续有多国学者对其进行完善和发展。

"全人"是指具有完整的人格并能够全面发展的人，它是针对"半人"（即"偏才"或"专门人才"）而言的。全人教育思想是一种整合社会价值与个人价值导向的教育新观念。它的根本宗旨是培养"全人"或"完人"，即在健全人格的基础上，促进人的全面发展，让个体的潜能得到充分、自由、和谐、全面、持续的发展。简单来说，就是要将学生培养成为有知识、有道德、有能力，多方面协调发展的"完人"。

人的全面发展理论是马克思主义理论的根本出发点和最终归宿，是马克思主义教育的重要组成部分，是我国确定教育目标的根本依据。纵观我国教育目标走向，从素质教育再到核心素养，虽出现了不同的表述，但其精神实质和核心价值是一脉相承的，即坚持教育目的的社会主义方向，坚持德智体美劳全面发展的人才观。习近平总书记在《之江新语》中指出："人，本质上就是文化的人，而不是'物化'的人；是能动的、全面的人，而不是僵化的、'单向度'的人。"站在新的历史起点上，习近平新时代中国特色社会主义思想为推动人的全面发展提供了科学理论指导。可以看到，"全面发展的人"一直是我国对"培养什么人"问题的一贯回答。"五育融合"理念的本质是追求人的全面与整体发展，它是植根于马克思主义关于"人的全面发展"学说土壤中的有根之"树"。

（二）联通主义："五育融合"的本质

乔治·西蒙斯的"联通主义"认为，我们对生活的体验是综合性的——我们在联通过程中观察、知晓和行使职责。联通主义理论强调网络是诸多节点的聚合，每个节点在动态网络中都有能力以自己的方式运作。"五育"是人的特性的五个重要方面，具有整体性。这五个方面均是连接人整体发展的关键节点，缺一不可，以独有方式占据重要一环并影响人的成长。五育又相互联系，围绕人的全面发展形成动态网络，推动人的进步，帮助人形成综合性的体验。因此，学生的发展并非各育孤立实现，而是有机的统一发展。

联通主义认为"从大小和范围来说，网络具有适应性、易流动性和可定制性。层级往往是强加给某事物的一种结构，而网络则反映了该事物的本来结构"。"五育"在发展过程中并不是能够按照重要性进行排名的层级结构，它们是环环相扣的，不分高低轻重，在人的发展过程中共同发力，帮助我们适应复杂环境，进行科学决策和行动。"实际上，我们对任何事物的采纳或使用都要求具有关联性。如果某些事物不相关，就不使用它。""五育"之间的关联性具体表现为：德育是各育的灵魂，贯穿始终；智育提供知识与智力；体育提供良好的体格准备；美育提供精神力量助推各育；劳动教育是综合实践运用与成果检验。所以，"五育"彼此关联，牵一发而动全身。

（三）人学思想："五育融合"的关键

卡西尔在其著作《人论》一书中创立了符号哲学思想，并以此诠释人的本质。他认为人是符号化的动物，具有丰富性、多面性的特点。"五育"正是这种多面特性的具体体现。在成长过程中，人会整体表现出德智体美劳五方面的素质，即"五育"是对个体成长的整体表述，分别指向人的道德侧面、智力侧面、体力侧面、审美侧面、劳动侧面，是"五维"的整合而非"五个"的割裂。

卡西尔运用符号与信号的区别来论述人与动物的差异：信号是物理或实体性的存在；而符号却具有功能性的价值，是人类意义世界的一部分。

动物只能对"信号"做出条件反射，而人却具有符号化的思维和行为，可以利用"符号"创造文化。因此，卡西尔的人学思想包含人、符号与文化3个关键概念，形成"人—符号—文化"体系。将"人—符号—文化"体系置入学校教育教学过程中，文化通过符号的形象转化为具体学科，在具体学科的教学过程中又孕育出另一体系，即"学科—符号—人"。教师以学科教学为基础，将学科中蕴含的文化通过特殊的学科符号传递给学生，引导学生逐步理解学科符号的内在意义，深刻理解学科符号背后的思想观念精髓，从而达到"育人"的根本目的。

立德树人立足人本，着眼全面。"五育融合"理念是对人的多面特性的呼应。卡西尔的"符号"理论为"五育融合"的落实提供了路径。因为人通过符号创造文化，"五育"以文化为根基，文化又以符号为媒介孕育于学校的各门学科之中，所以学科教学是实现"五育融合"的关键。

第六小学努力形成德育队伍精良、德育管理精细、德育途径广泛、德育资源优质的工作局面，立足著名教育家陶行知先生的生活德育思想，从"以正确的人生观为起点"的思想教育入手，涵盖"以强烈爱国主义为重点"的政治教育、"以健全人格为基础"的道德教育以及"以具体的劳动生活为题材"的劳动教育等多个方面，主张教育来源于生活，应依靠生活、改造生活，实现人的全面发展。将"知行合一""六个解放"等德育理念与学校"红烛争辉·葵花追梦"党建品牌上下衔接，为"润合"教育德育品牌架构起牢固的理论基础，全面提高学校德育工作水平，培养德智体美劳全面发展的新时代好少年。

根据"五育并举"的时代要求，第六小学创建"五润"融合的德育模式，创设"润德""润智""润体""润美""润劳"五大德育路径。基于第六小学"为每一个孩子撑起成长的天空，为社会培育理想、道德、文化、纪律兼备的合格公民和优秀人才"的办学理念，我们确立德育目标是培养具有"向善、尚美、求实、创新"优秀品质的新时代好少年，并从"润德""润智""润体""润美""润劳"五个方面实施"润合"教育，引导学生树立正确的人生观，培养强烈的爱国情怀，建立健全的人格，并在实践中认识美、鉴赏美、创造美，在劳动体验中习得本领、创造价值，朝着"向善、尚美、求实、创新"的目标不断前进。

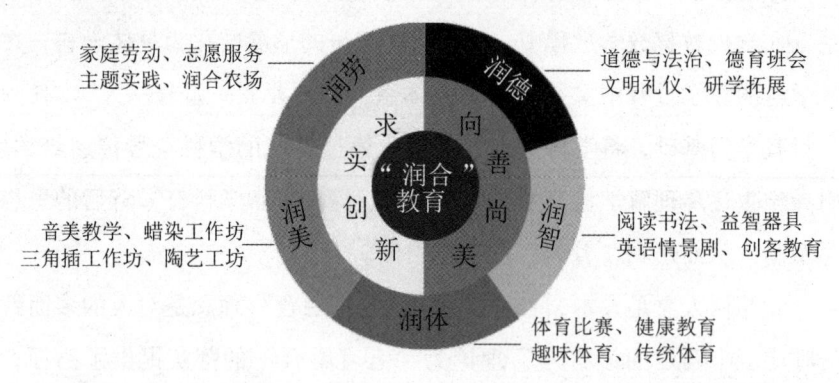

家庭劳动、志愿服务　　　　　　　　　道德与法治、德育班会
主题实践、润合农场　　　　　　　　　文明礼仪、研学拓展

音美教学、蜡染工作坊　　　　　　　　阅读书法、益智器具
三角插工作坊、陶艺工坊　　　　　　　英语情景剧、创客教育

　　　　　　　　　　　　　　　　　　体育比赛、健康教育
　　　　　　　　　　　　　　　　　　趣味体育、传统体育

（"五润"融合的德育模式）

三、学校、家庭、社区德育一体化模式研究

（一）学校、家庭、社区德育一体化模式研究背景

2005年，教育部发布的《关于整体规划大中小学德育体系的意见》中提出，要对大中小学德育进行一体化设计、整体规划，使德育在纵向维度上实现相互衔接、在横向维度上实现相互贯通。2017年，教育部发布的《中小学德育工作指南》中再次提出，中小学德育要重视学段之间的相互衔接，要一以贯之、常抓不懈，努力实现"三全育人"，即全程、全员、全方位育人的德育工作格局。推进德育一体化既是落实立德树人根本任务的宏观教育战略，又是解决当前德育实践微观问题、提升德育质量的现实选择。学生德育工作是一项系统工程，依托"三全育人"工作格局，发挥学校教育主阵地作用，巩固家庭教育的基础性地位，发展社区教育，使学校、家庭、社区有机结合，形成育人合力，才能切实提高学生德育实效。

我国中小学德育工作在长期实践探索中取得了很大成就，但仍存在着许多问题：学校、家庭、社区德育目标不同步、责任不明确，三方合作不畅，德育效果不明显，等等。如何整合利用学校、家庭、社区三方资源，探索出一条适合学生发展的"学校、家庭、社区德育一体化"模式，是值得所有教育者思考的问题。

第一，从国际上看，在苏霍姆林斯基的影响和推动下，家校合作的思想在教育领域中得到长期的推广应用，并逐步发展成熟。这几年来，英美的"亲职教育"受到重视，家庭教育被赋予新的内容。这对我国德育工作的开展有很好的借鉴作用。

第二，从国内来看，我国一直非常注重学校的德育工作，但我们也逐渐认识到，现有的德育工作模式已不能很好地适应社会发展和人才培养的要求。2005年，教育部印发的《关于整体规划大中小学德育体系的意见》在"总体要求"中提出"纵向衔接、横向贯通、螺旋上升"，在"基本原则"中提出"把学校、家庭、社会共同参与、相互配合作为根本举措"。在2016年全国高校思想政治工作会议上，习近平总书记提出，要坚持把立德树人作为中心环节，把思想政治工作贯穿教育教学全过程，实现全程育人、全方位育人。经过40多年改革开放，我国德育工作中的很多问题到了需要一体化解决的阶段，德育一体化工作到了强化落实的阶段，这是时代发展的必然要求。

第三，从我国目前的教育现状来看，学校、家庭、社区合作仍然处在探索的初级阶段，在具体操作和实践运行方面仍存在不少问题。首先，家长和教师的教育观念未达到一致，两方教育理念的冲突使家校合作效果不佳。其次，家、校、社合作层次较浅，不能深入地解决实际问题，部分家长和学校的合作意识淡薄，更缺乏持续长久的合作。再次，中小学阶段家、校、社合作的形式内容过于局限，不能完全满足广大教师、家长和学生的需要；在合作活动的项目种类上不够多元，不能很好地调动各方的积极性。最后，目前的家校合作基本上以学校为中心，由学校单方面向家长传递信息，家长在整个教育过程中处于被动状态，忽视了其自身的参与对孩子教育的积极作用，并且学校缺乏对该合作活动的完善评价体系，学校与学校之间也缺乏横向联系。

关于社区与学校合作关系的问题，目前大多数研究也只是停留在论述学校和社区合作的作用与意义上。至于对学校与社区如何进行沟通合作，以及如何解决遇到的一系列问题，则缺乏具有实践指导意义的实证性研究。

第四，从学校发展现状和家、校、社关系来看，有些学校周围社区文化设施齐全，德育场所较多，却没有得到充分利用，社区的德育功能没有被充分挖掘。在德育工作上，学校与家庭、社区的联系不够紧密，合作不够密切，没有形成协调互动的德育模式。

学校教育、家庭教育、社区教育是现代教育的三大支柱。建立起学校、家庭和社区三位一体的德育网络，能够利用各种时空交叉形成的德育力量，促进学生全面发展。只有协调学校、家庭、社区的德育力量，使三方面的教育互为补充、形成合力，才能使学校德育工作走上常态化、实效化和科学化的健康轨道，这也是我们研究的意义所在。

（二）学校、家庭、社区德育一体化模式理论基础

1. 人的社会化理论

人是社会的人。学生的社会化是在各种社会因素（包括学校教育、家庭教育和社区环境影响等）的综合影响之下完成的。学生良好品德的形成也是一样，离开了家庭和社区的配合与支持，单靠学校教育的力量很难奏效。必须使三股力量集合互动，形成合力，才能促进学生在复杂的社会环境中健康成长。

2. 系统论

德育是一个大的系统，学校德育、家庭德育与社区德育是它的3个子系统。每个子系统中包括了许多要素，3个子系统以及各要素之间的关系从客观上讲是互动的，是互相作用、互相影响的。按照系统理论，通过组织管理把3种教育力量集合起来，可以极大地增强教育的目的性和系统

性，变被动为主动，实现优势互补，从而发挥巨大的整体教育功能。

3. 现代德育原理

现代德育主张打破学校的封闭状态，实行开放式的德育，对学生进行全过程、全方位的教育。为此，需要建立一种学校、家庭、社区有目的、有计划的互动育人网络，保持学校与家庭、社区密切沟通的状态，将德育从学校延伸到家庭、社区，改善家庭与社区的教育环境，形成学校、家庭、社区三结合整体育人合力。

（三）学校、家庭、社区德育一体化模式实践基础

1. 学校教育在整个教育网络中占主体地位

学校是青少年德育教育的主体，它对一个人的成长起着导向与保障的作用。人的良好思想品德和正确的人生观不是与生俱来的，而是在家庭、社会及学校教育的影响下，逐步形成和发展起来的。学校的各项活动都在长期有意识地坚持对学生进行道德品质教育。在帮助青少年树立良好的道德观念及树立正确的人生观、世界观、价值观等方面，学校教育具有更多的优势。学校有一个积极向上的学习氛围，给学生们的学习创造了和谐舒适的环境，陶冶人的情操，激发学生奋发向上、努力拼搏的精神。同时学校也为青少年提供了一个同伴间相互学习及集体协作的空间，使青少年不仅学会书本上的知识，更学会人际交往、与他人合作等书本上没有的知识，为今后适应社会生活提供了一个良好的发展平台。

近年来，学校全面开设道德与法治课程，通过专职教师的讲述，让学生以一种更直观的方式接受道德教育。同时，班主任也通过班会等形式加强学生的德育教育。随着新课程改革的实施，新教材从各个环节、各个科目都融入了德育教育的内容，让学生在学习知识的同时也接受品德教育，促进学生良好道德品质的养成。学生学习不再只是学习知识，而是在收获知识的同时塑造品格，在合作学习中学会同伴间的交往与协作，在实际应用中学会做人。

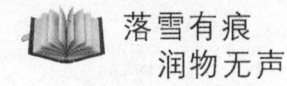

2. 家庭教育是所有教育的基础

家庭教育对人的性格、道德礼仪、生活和交往习惯的形成，对人际关系、自治能力、生活态度、劳动态度的培养具有非常重要的启蒙作用。父母是孩子的第一任教师。家庭教育是启蒙教育，也是终身教育。家庭是人类社会的一个细胞，是育人的起点。家庭教育具有早期性、基础性和长期性，并且与日常生活交织在一起。家庭教育的首要任务是对子女进行品德行为养成教育，夯实孩子做事做人的基础。

教育是随生命的开始而开始的。婴儿落地首先接触的是家庭，家庭是其成长的摇篮。父母的"言、行、举、动"都将在儿童洁白无瑕的心灵上铭刻下难以泯灭的痕迹，对儿童思想性格、品德作风的形成会产生深远的影响。瑞士教育家裴斯泰洛齐讲"道德教育最主要的场所是家庭"，孩子对母亲的爱进而发展到兄弟姐妹邻里的爱，这就是道德发展的基本原则。因此，家庭教育的好与坏，不仅对孩子早期能否健康成长起关键作用，而且关系到孩子在学会做人、求知、劳动、生活、健康、审美等方面能否奠定坚实的基础。

3. 社区教育是家庭教育和学校教育的延伸和发展

随着经济社会的发展，由于信息传播手段的现代化、大众化，学生接受教育的渠道日趋多样化，这为学校教育提出新的课题——将社区教育融入学校教育。学生的学习、生活成长离不开社区的影响，形形色色的言行都会直接或间接影响学生。如果要积极引导学生对不同的社区信息进行正确的反馈，使学生在复杂多变的社会环境中不断增强分析能力和应变能力，就必须引导学生深入社区大课堂，体验各种不同的角色，学习社区规范，扩大社区交往，养成现代素质，发展兴趣爱好，为将来参加祖国和家乡的现代化建设做准备。只有把学校教育和社区教育结合好，才能使学生的潜能得到充分发展，才能使教育适应现代社会发展的需要。

4. 学校、家庭与社区在育人上是相互作用、相互依赖的，三方德育力量需要相互配合、相互支持

从家庭来说，望子成龙的迫切期望使家长们乐于支持学校，帮助学校提高教育质量。面对新形势下新时代孩子的许多新特点、新矛盾和新问题，家长迫切希望教师给予指导，这是家长与学校在育人上能够实现双向互动的内在动力。从社会来说，学校本身就是社会文化的一个重要组成部分，学生的行为水平对社会具有较大影响。要建设文明社会，必须把学校作为德育工作的重要阵地。

同时，学校教师可以在社区教育中发挥骨干作用，学校的活动场馆还可以在节假日向社区开放，为社区开展文化活动服务。因此，必须统筹社区与学校德育工作，这是社区与学校在育人上能够实现双向互动的内在动力。

5. 家庭和社区在学生德育上具有极大优势和潜能

家长与学生存在亲子血缘关系，而且与学生长期相处，了解学生的优缺点。他们的言传身教，对于正处于成长期中的学生来说，影响是特别深刻的。社区是孩子生活的场所，也是孩子发展的场所。环境育人是德育的一条重要原则，而社区由于具有行政权威，在优化育人环境上具有极大优势，可以办到学校许多想办而难以办到的事。家长和社会统辖的企事业单位具有巨大的教育潜能，他们不仅可以在人力、物力、财力上给予学校大力支持，而且可以为有效地开展德育活动出主意、想办法，及时反馈信息，成为学校德育不可缺少的一支主力军。

因此，构建学校、家庭、社区一体化育人模式，不仅有紧迫性，而且有可行性。这一模式的构建与实施，把家长与社区推到了学校德育的主人翁地位，使他们由被动变成主动、由配合变成组织，极大地增强了学校德育的力量，也增强了家庭德育和社区德育的目的性和计划性，从而提高德育的实效。因此，这是一种既符合社区、家庭要求，又符合学校实际的有效德育模式。

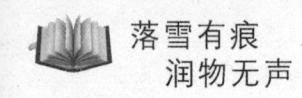

第二节 德育一体化，"家校社"三位一体实践探索

第六小学申请的山东省"十三五"规划课题"学校、家庭、社区德育一体化模式研究"正式立项。课题研究聚焦学校德育的主导作用，充分挖掘家庭、社区的德育资源，发挥家庭德育和社区德育的合力作用，畅通各渠道，将德育的单一渠道拓展为多渠道，将学校德育与家庭教育、社区教育三者结合起来，共同构建整体的德育网络，形成一股合力，共同促进学生良好道德品质的形成，促进学生的健康发展。

一、探索形成"学校倡导组织、家庭参与落实、社区实践体验"三位一体德育模式

第六小学全面贯彻党的教育方针，积极探索"学校倡导组织、家庭参与落实、社区实践体验"的三位一体育人模式，并取得了显著教育成效。

（一）学校倡导组织，学校德育占据主导地位

学校教育是国民教育体系的基础，是贯彻落实党的教育方针、落实立德树人根本任务的主阵地，承担为国家培养"德智体美劳全面发展的社会主义建设者和接班人"的历史使命。同时，做好学校教育，可以有效提升家庭教育水平，也为社会教育提供了更为强劲的动力。社会发展到今天，世界各国对人才都是求贤若渴。激烈的国际竞争本质就是人才竞争。各国

都想占领人才制高点，而学校教育就是这场战争取胜的法宝。

我们遵循教育规律，扎实开展教育教学工作，以推动教育合力的形成。2020年新冠肺炎疫情期间，学校充分发挥教育主导作用，利用空中课堂组织每一个家庭参与到"停课不停学"的特殊学习模式中，组织网课知识学习、语文阅读、数学益智活动、每周网络升旗仪式、网络班会、居家劳动。这些教育教学活动得到了家长的理解和支持，取得了理想的育人效果。

（二）家庭参与落实，家庭德育是学校德育的基础和补充

家长是孩子的启蒙老师，家庭是孩子的第一所学校，家庭教育必然成为学校教育的基础和补充，在整个教育体系中有着不可替代的作用。

学校将德育工作向家庭延伸，以密切的家校合作，促进孩子全面发展。我们通过家访、网络等形式加强家校联系，建立了通讯联系，定期举行家长会和家庭教育培训会。家委会积极参与学校建设与发展，家校关系朝着更加稳健的方向发展。

本着对孩子一生负责的态度，教师把孩子在校期间出现的问题及时反馈给家长，分析原因，探讨教育方法，向家庭提出教育建议和改进措施，让孩子回到家中继续"补课"，进一步完善自身。有的孩子性格过于内向，有的孩子不善言谈，有的孩子情绪变化过于激烈，有的孩子学习存在困难……类似的问题有很多。面对这些问题，教师耐心教育引导，家长积极参与落实，促进学生全面发展。如在家长会上，班主任及任课老师全部参加。各位老师就学生学习、生活中出现的问题与家长进行沟通，交流重点不是学习成绩、检测分数，而是孩子的学习习惯、生活态度、同学交往、情感情绪等问题。家长们了解到了最想了解的东西，也为下一步的家校合作开阔了思路。

（三）社区实践体验，社区教育是学校教育的延伸和依托

教育与生产劳动、社会实践相结合是党的教育方针。理论与实践相结合，是培养人才的重要途径。学校教育的理念、思路和育人成效，需要社区层面的实践检验；社区环境与社区资源是学校教育有效开展的条件与保障，成为学校教育的重要依托，为学校教育社会实践提供重要平台。

社区教育主要是指学校和家庭以外的教育方式。少年宫、图书馆、爱国主义教育基地、业余学校都是社区教育的主要载体。开展好社区教育，对学生全面发展具有重要意义，可以帮助学生树立正确的世界观、人生观、价值观，在实践中开阔视野、提高能力，增进对社会的了解和感受。在目前社会转型期的大环境下，社区教育存在管理不规范、制度不健全等问题，需要进一步理顺关系，疏通管理体制，为学校教育提供更有力的外部支撑。

社区教育对人的发展的不可或缺性，需要我们不断利用学校环境和资源延伸社区教育，在实践中促进学生全面发展。如组织学生到社区周边爱国主义教育基地、文化馆、博物馆、科技馆等参观学习，感受民族文化的博大精深和新时代的伟大成就，开阔视野，丰富知识；组织学生参加社区卫生清扫、清理"牛皮癣"小广告、义务植树等公益活动，增强学生的社会责任感和环保意识。社区教育成为学校教育的理想延伸和有力支撑。

学校教育、家庭教育和社区教育是相辅相成的，根本方向和总体目标是一致的，三者在促进学生全面发展、培养德智体美劳全面发展的社会主义建设者和接班人方面形成合力，开创了有效的育人新模式。

二、以党建品牌引领优秀德育师资队伍建设

第六小学党支部以"红烛争辉·葵花追梦"党建品牌为引领，以"112"党建工作机制为依托，多措并举打造一支"有理想信念、有道德

情操、有扎实学识、有仁爱之心"的"四有"好老师队伍。

（一）加强思想引领，坚定理想信念

政治上的坚定源于理论上的清醒。理论学习越扎实，精神之钙越富足，忠诚之魂就越坚定。学校组织教师开展理论学习，学习先进典型示范，加强全体教师思想和道德建设，引导教师学而信、学而思、学而行，增强政治认同，强化为人师表、以身立教的使命担当，为培养社会主义建设者和接班人做出自己的贡献。

（二）心中有戒尺，行为有规范

"人民教师无上光荣，每个教师都要珍惜这份光荣，爱惜这份职业，严格要求自己，不断完善自己。"教师通过认真学习教育法律法规、教师职业规范，研究学生行为和心理发展特点。通过师德演讲以及师德师风评比等系列活动，提高师德素质，做新时代党和人民的好老师。

（三）立足时代前沿，掌握扎实学识

我校党支部实施"112"工作机制，即1名党员创建1个模范示范岗，带动2名教师，带头落实常规管理，带头提高课堂效率，带头攻关科研课题，促进教育教学质量的全面提升，形成了一支由名校长、名师（名班主任）、学科带头人、教坛新秀等组成的教育领军人才梯队。

（四）知行相统一，播撒仁爱之心

子曰："德之不修，学之不讲。"修德与讲学要相辅相成才可相得益彰，要德为人先，行为世范，心怀仁爱，践行仁爱。老师们将自己的教育理念和实践行动相结合，积极走出校园，走进家庭，上门送教、家访、帮扶学困生、为困难学生捐款……一点一滴，彰显着学校教师重仁心、讲仁爱的优良传统。在"千名教师访万家"活动中，"校长带头、中层示范、班主任为主导、教师全员参与"的家访工作机制得到家长的一致好评。

三、润物无声，不断优化校园育人环境

"入芝兰之室，久而不闻其香。"校园环境对学生的影响是潜移默化的。充满诗意和美感的校园环境就如空气之于人、水之于鱼，使学生耳濡目染，促进其在深层心理结构中调节和支配自己的行为，从而提高文明程度。马克思、恩格斯说："人创造环境，同样，环境也创造人。"苏霍姆林斯基也曾说过："对周围世界的美感，能陶冶学生的情操，使他们变得高尚文雅，富有同情心，憎恶丑行。"

学校文化是师生精神风貌、思维方式、价值取向和行为规范的综合体现，是在教育教学和管理实践中逐渐创造生成的。对于启蒙教育的小学阶段，优美、整洁、规范、富有教育意义的校园环境，对小学生兴趣的激发、知识的增长、行为的规范、心理的和谐以及健康人格的形成和发展，都有不可低估的直接作用。第六小学将德育与美育相融合，打造校园文化育人空间，坚持用优美的环境感染人，努力打造师生的精神家园，营造良好的育人氛围，"润物无声"地引导师生成长。

（一）营造红色文化氛围

我校充分挖掘地域红色文化资源，围绕"红烛争辉·葵花追梦"党建品牌建设，构建"润合"教育德育体系，落实立德树人根本任务，营造浓厚的红色文化校园氛围。教学楼内建立红色图书角，图书阅览室建有专门红色文化专区。每周定期通过校园广播讲述党的百年发展，引导师生学习百年党史，感受红色力量。

（二）建设校园书香文化

我校充分利用板报、墙壁、走廊进行书香文化建设，张贴中华经典诗词以及民族团结主题作品，编写传统文化经典诵读读本《诗选》《词选》

《文言文选》，以及传统文化校本读物《节趣》《中华历史故事》等校本教材，推进书香校园建设。学校指导学生在阅读经典的过程中，学习中华优秀传统文化，感悟蕴含其中的家国情怀与传统美德，培养文化自信。

我校着力打造师生的精神家园，营造良好的育人氛围。烟台的地理人文是一个丰富的阅读素材宝库，包含八仙过海传说、海阳大秧歌、长岛渔号、莱阳螳螂拳等内容。推进地方特色阅读，既可以使学生开阔眼界，丰富阅读知识，还可以加强民族自豪感及乡土文化认同感。

（三）建设清朗网络文化

积极建设校园绿色网络，开发网络德育资源，搭建校园网站、微信群等网上宣传交流平台，通过网络开展主题班会、家长会等活动，引导学生合理使用网络，远离有害信息，提升网络素养，打造清朗的校园网络环境。

四、树魂立根，构建德育课程体系

"润合"教育德育品牌，扎根于学生的生活实际和学校的办学特色，经过多年精心培育，形成了"五润"融合的德育模式。

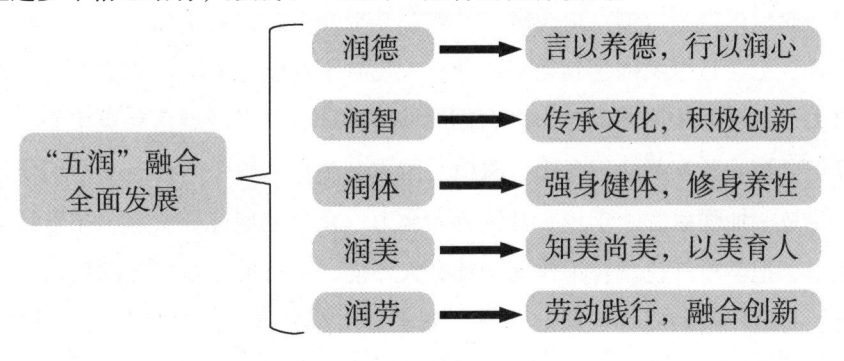

"五润"融合 全面发展
- 润德 → 言以养德，行以润心
- 润智 → 传承文化，积极创新
- 润体 → 强身健体，修身养性
- 润美 → 知美尚美，以美育人
- 润劳 → 劳动践行，融合创新

（"五润"融合的德育模式）

（一）润德课程——言以养德，行以润心

"润德"以红色教育、研学旅行为抓手，致力于学生正确道德观念和

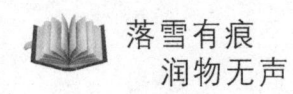

真挚爱国情怀的培养，促进学生在学习与实践中崇敬英雄、热爱祖国。

1. 渗透红色教育，传播红色文化

烟台位于胶东半岛中部，是胶东文化发祥地。在波澜壮阔的胶东革命斗争中，烟台创造了灿烂的胶东红色文化。我校在实施国家课程和地方课程的基础上，充分挖掘胶东红色文化资源，构建渗透红色文化元素的课程体系，探索德育新路径。

为了让学生了解中国共产党波澜壮阔的百年征程，感受革命先烈们的伟大情怀，我校依托"红烛争辉·葵花追梦"党建品牌，紧紧围绕"英雄"主题，挖掘出胶东地区15位英雄的光辉形象作为素材，开设了"走近英雄"红色校本德育课程，包含"抗日烽火""走向胜利""建设大潮""英雄传承"四大篇章。通过组织"英雄"主题活动，帮助学生认识英雄、学习英雄、争做英雄，激发学生爱党爱国爱社会主义的情怀，引领少年儿童从红色基因中汲取前行的力量，树立坚定的信念，赓续红色血脉，传承红色基因。在中央电化教育馆主办的"中国梦——行动有我：2020年全国中小学校本德育课程和教育案例征集展播活动"中，学校报送的德育案例《做新时代的小英雄》获"创新作品"奖。

2. 研学促进成长，实践浸润心灵

我校积极利用烟台市爱国主义教育基地开展红色研学旅行，结合重要节日、纪念日组织师生到各基地开展少先队主题教育活动，让学生在"走出去"的过程中陶冶品格。烟台国际博览中心、开发区城市展览中心、雷锋纪念馆、胶东革命纪念馆、磁山爱国主义教育基地……都有孩子们研学的足迹。加强家庭、学校、社区育人合力，充分挖掘社区资源，拓宽活动渠道，把学校红色德育工作融于社会大环境，通过搭建双向互动的活动平台，打造广阔的德育空间。开展"党史宣讲进社区""寻找身边的榜样"等实践活动，增强学生的社会责任感和民族自豪感。

（二）润智课程——传承文化，积极创新

"润智"以传统文化为基点，在教学实践中引导学生拓宽学习视野，

感受传统文化与创新思维的碰撞,在学习实践中提升素养。

1. 品读经典,润智于心

"鹅卵石的光滑不是因为锤的敲打,而是因为水的载歌载舞。"传统文化校本课程读本《诗选》《词选》《文言文选》成为学生晨读日诵的经典。博览群书、品读经典,提升了学生的语文素养,引导学生敏学善思。经典使学生自省,在学习中求真笃学,知礼明信,诚实有德。经典中所蕴含的时代精神,能够穿越时空、启迪后人。

品读经典,让学生在感受经典中形成正确的世界观、人生观、价值观,培养高尚的心灵,丰富知识内涵,塑造良好品德。

2. 学科特色,润智启情

(1) 学习情境蕴丰富内涵

在学科教学过程中,结合学生的个性特点,抓住情感纽带,创设情理交融的德育情境,充分唤起学生的积极情感,引导学生在情境体验中感受德育的丰富内涵,并自觉践行思想道德,从而提高学生的道德认知水平和实践能力。

(2) 数理学习促知行合一

借助"德融数理·知行合一"德育模式,运用大数据的思维方法,将感性认知与数据思维相结合,把情境、知识和实践有机融合起来,引发学生的道德思考与实践,培养学生的优秀品格与理性思维,逐步实现学生道德教育生活化、科学化、现代化。

(3) 文化差异立家国情怀

介绍中外文化的不同风貌,让学生感受不同地域、不同民族之间文化的差异性,丰富文化体验,提高多元文化素养,引导学生在不同文化之间的碰撞中启发思维,感受中华文化的源远流长与博大精深,树立家国情怀,提升文化自信,逐步培养传承中华文化的责任感与使命感。

(4) 创新活动育工匠精神

从"弘扬科学精神和工匠精神"的要求出发,基于STEAM教育理念引入创客教育，成立"小工匠实验室"，围绕智造、创意、融合、助力4个维度，基于信息技术逐步开发出人工智能、创意编程、创意智造、3D设计等创新课程，在动手实践中培养学生的科学精神和创新能力，为学生的终身发展助力。

（三）润体课程——强身健体，修身养性

"润体"以体育教育为载体，在体育活动中渗透爱国主义、集体主义、组织纪律及意志品质等教育内容，形成德育与体育的统一。少年强则国强，体育锻炼是促进健康的重要途径。健康的身心、强劲的毅力是青少年承载祖国未来、振兴民族发展的基石。我们采取"三点一线"的方式开展丰富多彩的课外体育活动，以趣味体育、竞技体育、传统体育为支点，串联起德育教育的主线，大力推进德育课程一体化，保证每名学生都能做到"每天锻炼一小时"，都能在体育锻炼中感受运动的魅力。

1. 以趣味体育塑造阳光心态

体育游戏以其丰富有趣的活动形式，使每个参加活动的学生都能得到不同程度的锻炼，达到增强体质、培养兴趣的效果，并使每个学生在活动中充分发挥自己的运动潜能，有利于提高同学们的自信心及竞争意识，培养互帮互助的团队精神。

2. 以竞技体育培养优秀品质

结合师资力量、体育场地设施特点，开设足球、篮球、排球、乒乓球、跳绳等多种体育竞技活动。学生在掌握运动技能的同时，感受公平、公正的内涵，体会团队协同，体验竞争的魅力，懂得各类竞技体育规则，从而变得更加自律、更加自信。

3. 以传统体育涵养温润情操

八段锦是中华民族从古相传至今的一种健康运动。八段锦是由八种如锦缎般优美、柔顺的动作组成。体育课上，伴随着柔和的音乐，学生们心平气和、不急不躁地跟随老师一起练习八段锦，强身健体，陶冶情操。传

统体育让学生在增强体质的过程中培育优秀品质，真正让学生享受乐趣、健全人格、锤炼意志、追求卓越，沐浴着阳光雨露，健康、和谐、快乐地成长。

（四）润美课程——知美尚美，以美育人

"润美"确立"以美润童心、以美启智慧，让每一个学生粲然绽放"的发展定位，通过学科融入、课程介入、文化切入等路径，积极推进美育校本化实践，为落实立德树人根本任务发挥了重要的作用。

1. 校园文化构建美育氛围

第六小学坐落于美丽的凤台山下、柳子河畔。优美的环境、典雅的布局、完备的设施，为学生们创设了良好的成长环境。漫步校园，四溢的花香沁人心脾，高大的乔木洒下浓荫，深厚的文化引人驻足。运动场、舞蹈室、陶艺馆、国画室、创客室……处处都是孩子们活跃的身影。早晨书香袅袅，四季花香沁人。优美的书香校园，浸润学生童年心灵，潜移默化地促进学生健康成长。

教育之美不止体现在校园环境，更体现在教育过程和教育成效之中。基于此，我们不仅追求环境的雅致优美，实现无痕的熏陶、无言的教育，还有计划实施审美教育活动。除基本的音乐、美术课程外，我们又开设了蜡染、陶艺、合唱等校本课程，并积极开展各类文艺活动，培养学生的审美观念，提升其感知美、鉴赏美、创造美的能力。

2. 追梦平台绽放育人成效

为深化特色教育内涵，第六小学为学生搭建"七彩之梦"追梦平台，引导学生将思想付诸行动，内化于心，外化于行，为实现中国梦而努力奋斗。

开笔礼、童声比赛、演讲比赛、科普活动、小手拉大手等活动，规范学生行为，净化学生心灵；经典诵读、体育节、科技节、艺术节、劳动节等节日，张扬学生个性，铸就学生放飞梦想的舞台。少先队大队委评选、星级少年、文明班级评选等活动是学生的自我成长之路，亦是追梦之路。

（五）润劳课程——劳动践行，融合创新

"润劳"，通过多种形式的劳动教育，让每个孩子都能收获劳动体验、习得劳动本领、创造劳动价值、享受劳动成果，实现以劳树德、以劳增智、以劳强体、以劳育美、以劳创新的德育目标。

1. 开展劳动课程，养成劳动习惯

我校充分发挥课堂教学主渠道作用，将劳动教育贯穿于学校德育全过程。根据不同学段的学生特点，一至五年级每周安排一节劳动课，并根据劳动课程安排，组织学生进行校内劳动、家庭劳动、社会实践、主题活动，落实劳动课程要求。

2. 丰富校本课程，收获劳动智慧

（1）携手传统文化，弘扬中华文明

我校将弘扬中华优秀传统文化与劳动教育相结合，根据学生年龄特点，编写了《陶艺》《蜡染》等劳动教育校本课程教材，开展剪纸、泥塑、蜡染、中国结、京剧脸谱等传统文化体验校本活动，让学生在收获劳动智慧的同时，感悟中华优秀传统文化的魅力，增强学生自豪感。

（2）体验现代科技，筑梦以期未来

我校基于STEAM教育理念引入创客教育，成立"小工匠实验室"，围绕智造、创意、融合、助力4个维度，基于信息技术逐步开发出人工智能、创意编程、创意智造、3D设计等创新课程，在动手实践中培养学生的科学精神和创新能力，为学生的终身发展助力。

3. 劳动融于学科，启迪学习智慧

我校不断加大课程整合力度，积极探索劳动教育与学科融合渠道，劳动教育与学科相互渗透，生成多样的劳动教育实践路径。开展系列劳动教育活动，如"给妈妈做顿饭""帮爸爸捶捶背""制作爱心卡片""小小科学家""晒晒我家的庭院"等。多学科融合增强学生的感官体验，有助于培养学生的创新意识与创新能力，促进学生全面发展。

按照"五润"融合的德育模式，学校从德、智、体、美、劳5个方面引导学生树立正确的人生观，培养强烈的爱国情怀，建立健全的人格，并在实践中认识美、鉴赏美、创造美，在劳动体验中收获能力、生成智慧。在此基础上，做到"五育融合"，促进学生综合素养的提升与全面发展。

（六）德育评价——"星星之火"铸"润合少年"

为鼓励学生全面发展，我校创设积极向上的德育氛围，建立"星星之火"学生德育评价体系。从"会学习""讲文明""讲卫生"3个方面，制订"'润合少年'德育评价表"。通过学生自评、生生互评、家庭评价等多元评价方式，引导学生明确德育行为目标，反躬自省、见贤思齐，提高了学生反思和自我建构的能力。

在此基础上，每月评选"润合少年"，树立学习典型，强化榜样教育，在全校学生中创设积极向上的学习氛围，激发少先队员勇于争先的进取精神，朝着"向善、尚美、求实、创新"的目标不断前进。

"润合少年"奖项设立及评选标准

奖项	评选标准
学习星章	上课听讲认真，思维活跃，发言积极，学习效率高，学习成绩优异
文明星章	遵纪守法，团结互助，讲文明，树新风，尊师孝亲，环保节俭
才艺星章	劳动积极，有体育特长、艺术特长、文学特长（区级活动一等奖、市级二等奖、省级三等奖直接确定）
科技星章	积极动脑，爱好小发明、小创作，积极参与创客教育，成绩优异
读书写字星章	爱好读书，做到"每天读一次书（家庭内），每周读一本书（家庭内），每月买一次书"；广泛阅读，读书、写作水平高；写字做到"十要"，书写规范，有章法，字迹美观

五、活动培育，开展多彩德育活动

凸显学校活动的育人功能，为学生营造浓郁的育人文化氛围，让学生在活动中自觉提高道德认识，锻炼意志品质，逐步养成良好的行为习惯，实现在活动中育人，在体验中成长。

在全面发展理念的指导下，我校先后组建了足球、篮球、合唱、创客等十几个活动社团，举行丰富多彩的学生文体活动。充分利用读书节、艺术节、体育节、科技节开展形式多样、主题鲜明的教育活动，以鲜明正确的价值导向引导学生。每学期各年级开展经典诵读活动，传承中华优秀传统文化；开展红色歌曲传唱，铭记历史兴衰。在此基础上，从育人目标出发，举行小明星评选活动。

三月：评选"学雷锋之星"，提倡"助人为乐"

少先队大队部根据学校实际制订"学习雷锋精神，争做美德少年"活动方案，通过播放学习雷锋歌曲、国旗下宣读"学雷锋倡议书"、组织开展"学雷锋倡节俭"主题班会等方式，宣传雷锋同志的生平事迹，感受雷锋精神，鼓励少先队员学习"钉子精神"，从身边的小事做起，勤俭节约，不乱花压岁钱；争取向陋习、缺点告别；力争把礼貌带进校园，把微笑带给同学，把孝敬带给家长，把谦让带给他人。

四月：评选"环保小明星"，提倡"勤俭节约"

我校利用国旗下讲话、主题班会、黑板报、手抄报、宣传栏等形式，号召广大师生学习有关环保知识、法律法规，积极参与丰富多彩的环保宣传活动，倡导每一个公民要牢固树立保护生态环境的理念，切实履行好呵护环境的共同责任，自觉从我做起、从小事做起，尊重自然、顺应自然，增强节约意识、环保意识、生态意识，养成健康合理的生活方式和消费模式，携手自己的家人、朋友，为建设天蓝、地绿、水净的美丽中国而奋斗。

五月：评选"科技小明星"，提倡"创新探索"

我校积极发掘本地的科学教育资源，为科学探究的发生提供土壤，让学生在充分感受科学的奥秘中种下科学兴趣的种子。一是请进来，充分利用市科协、高校、名师等科普资源，开展科普进校园活动；二是走出去，利用本地科技企业、科技场馆等资源，组织3D时空、航天展等社会实践活动；三是每年组织科技节活动，让科技创新成为每个孩子的必备能力。广泛、实时的科普活动为学生打开了一扇面向未来的窗，极大丰富了科学学习的内涵，为学生的终身发展提供了路径。

六月：评选"艺术小明星"，提倡"审美修养"

艺术不仅能表现人们生活和情感，还能浸润心灵、陶冶情操。学校以校园艺术节活动为契机，以育人为宗旨，面向全体学生，培养学生健康的审美情趣和良好的艺术修养，促进学生德智体美和谐发展，引导他们向真、向善、向美，体现青少年朝气蓬勃的精神风貌，丰富校园文化生活，推动学校艺术教育健康发展。评选活动为广大学生展现才艺、秀出自我、挑战自我提供了舞台，展现出学生的多才多艺与积极健康向上的精神风貌，提高了学生的艺术审美，营造了良好的校园文化氛围。

九月：评选"习惯之星"，提倡"自我成长"

我校坚持在活动中育人，在活动中塑造人。通过学期初的习惯养成教育活动，培养学生良好的行为习惯。

开展"最美教室"评比，浓浓书香的读书角、绿意盎然的景观植物、匠心独具的班级专栏……各种创意层出不穷，处处都"和美"，处处是"锦绣"。开展"文明用餐"评比，正所谓"文质彬彬，然后君子"，良好的用餐礼仪既是个人行为修养的体现，更是中华少年应该肩负的文化传承使命。抓细节，养习惯，促文明，以不同形式的评比鼓励学生不断养成文明就餐的好习惯。在这一过程中，学生不仅学会了"食不言"，还学会了尊重，学会了学习，学会了团结，学会了节约。

重视学生自理能力的培养。开设"学币银行"，促使学生养成良好的

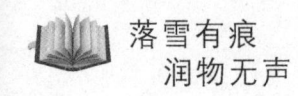

行为习惯。各年级举办各具特色的"学币银行"活动，让学生懂得自己能做的事情自己做，提高自理能力。

十月：评选"爱国小明星"，提倡"爱国思想"

重温红色历史，汲取红色力量，从做好每一次升旗仪式开始。庄严的升旗仪式不仅仅是一种形式，更是一次唤醒、一番激励、一种寄托，表达对祖国的浓浓之情、拳拳之心。学生向国旗敬礼，表达对祖国的热爱，抒发对祖国最真的情怀。重温国旗和少先队的历史，引导少先队员敬一个标准的队礼；唱好两支歌——队歌和国歌，重温入队誓词，强化少先队员的光荣感和责任感，升腾爱国情怀。组织校园红歌传唱比赛，通过爱国主义歌曲咏唱活动，丰富学生的校园生活，提高学生的审美素养，增强学生的爱国主义意识。

十一月：评选"读书之星"，提倡"与书为友"

我校倡导"与书为友"的理念，激发学生的读书兴趣，让书香飘满整个校园。开展"三个一"读书活动、"晨诵午书"活动，开设阅读课程，引领阅读，推荐好书，让阅读有方向；引导学生做读书笔记，让阅读有思考。为提高学生的阅读兴趣，开展"读书之星"评选活动，发挥各位"新星"爱阅读的榜样示范作用，营造爱读书、读好书的阅读氛围；开展读书交流活动，让学生在交流中实现与文本的深入对话，收获"悦读润心，书香致远"的幸福。

十二月：评选"感恩之星"，提倡"与爱同行"

感恩是一种生活态度，感恩是一种品德。自古以来，中华民族就有乐于助人、知恩图报的美德。为进一步渗透德育教育，弘扬中华民族的传统美德，教育学生学会感恩、懂得包容，学校开展了一系列的感恩教育主题活动，并通过主题队会分享感恩故事，体会爱的圣洁、无私和伟大。开展"感恩父母""感恩老师""感恩祖国"等系列主题活动，在活动中培养孩子们知恩、感恩、报恩的情怀，养成孝敬父母、尊重师长、关心他人、回报社会的良好风尚。

六、沐浴心灵，关注心理健康教育

德育与心理健康教育对人格的塑造及完善具有重要的引导作用，也将影响学生的心理健康和综合素质能力。在一定程度上将德育与心理健康融合发展，可以更好地发挥其对学生的教育能力，起到事半功倍的效果。心理健康教育的开展离不开心理教育环境的构建和心理健康教育团队的建设。

教师是学校教育的直接执行者，也是在校园与学生接触最多的引导者，教师的道德行为与心理健康程度能直接影响对学生教育的成功与否。因此，在对学生进行教育之前需要保障教师团队的专业水平，让教师可以在之后的教育过程中为学生做一个优秀的榜样。在教育学生之前，一定要加强对教师团队的培训，来提高这一团队的责任心，从而给学生起到良好的引领作用。

（一）制度保障，行稳致远

1. 抓实队伍建设，提高教师素质

我校重视教师心理健康专业素养的提升，为每个级部配备心理备课组长，定期组织团队老师开展教研活动，夯实集体备课、开展案例研讨、组织培训学习等，以此来提高教师的心理健康教育专业素养。

2. 加强工作规划，完善制度建设

我校把心理健康工作纳入整体工作计划和德育计划之中，并拟订《第六小学心理健康教育工作方案》《第六小学心理危机干预应急预案》等制度，完善心理健康教育制度建设。

3. 完善阵地建设，重视心理辅导

我校建立心理辅导室，内设沙盘、音乐放松椅、资料柜、心理挂图等，不断充实完善心理咨询室配置与建设，增加舒尔特方格、九宫格记忆

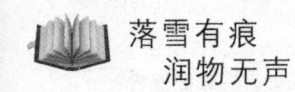

版、仿真宣泄人以及语言、思维、感统训练等相关器具。

根据教育部修订的《中小学心理健康教育指导纲要》，购买了系列心理健康教育书籍，包含生命教育、自我认知、同伴交往等主题，并为学生设置阅读区域。

（二）开展校园预防与摸排，做到底数清、方向明

1. 学生心理情况摸排

我校重视学生心理健康，每年开学前通过调查问卷对学生心理情况进行摸排，并针对摸排情况和学生需求，组织班主任和任课老师对学生进行家访或电话回访。

我校通过标准心理问卷开展学生心理健康的普查活动及建档工作。三、四、五年级使用中小学生心理健康量表（MHT），一、二年级使用儿童行为量表（CBCL），旨在对学生的认知、情绪、行为等各方面的发展特点进行了解与掌握，以便更加科学地开展教育教学工作。

2. 问题学生辅导与档案建立

针对调查中发现的需要密切关注的学生，班主任进一步跟踪了解，以确定问题学生名单，建立问题学生档案，相继展开一对一心理辅导。

（三）建立"3443"心理课程体系

我校心理健康教育结合"润合"教育特色课程体系，以"三四三"育人目标为指导，多措并举，有效开展多种形式的心理健康教育活动，形成"3443"心理健康教育课程体系，即以心理健康活动课、心理主题班会课、各学科融合课3类课程为依托，以心理运动会、主题教育实践活动、心理素质训练、社团活动4项活动为抓手，以家长预防、班主任预防、心理老师疏导和专家疏导四位一体的心理健康指导模式为支撑，以期达成普及心理健康知识、提高学生心理素质、促进学生身心发展3个目标。

1. 3类课程

课堂是心理健康教育的主阵地。学校在开足、开齐心理健康教育课程的基础上,开辟主题班会、学科融合等多种心理健康教育路径。

(1) 心理健康活动课

一至五年级常态化开设心理健康教育课,每班每隔一周上一次课。

(2) 心理主题班会课

班主任是心理健康教育的主力军,每班每月召开一次心理主题班会。一方面提升班主任心理健康教育理念,掌握学生的心理发展状态,另一方面向学生普及心理健康知识,增强班集体凝聚力。

(3) 学科融合课

学科融合课是指将心理健康教育贯穿于教育教学全过程,加强与各学科的结合、渗透、融入,多途径多形式开展心理健康教育。教师要将学科教学与心理健康教育进行有机结合,教学目标中要包含学生的心理成长目标,教学环境要营造和谐的课堂心理氛围。在教师的教育指导下,充分发挥和调动学生的主体性,引导学生积极主动关注自身心理健康状况,培养学生自主自助维护自身心理健康的意识和能力。

2. 4项活动

(1) 心理运动会

心理趣味运动会将竞技与娱乐相结合,以放松身心、愉悦心情为主旨,深受学生喜欢。学校每学期举办一次,活动项目有背夹球、"森林不倒"、"车轮滚滚"、青蛙蹲等。通过参加心理运动会,学生的协调反应能力和协作能力得到了强有力的锻炼,团队意识明显增强。同时,同学们认识到了每个人都是团队中不可或缺的一分子,进而肯定了自我价值,给予他人尊重与信任。

(2) 主题教育实践活动

我校每学期组织"生命教育"主题教育活动,通过主题演讲、主题班会、守护生命、共读家书、宣誓签名、与爸爸妈妈说说心里话、一分钟拥

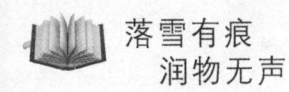

抱等活动，连接学校和家庭，使学生了解了自身成长的基本过程，感悟到了生命的脆弱与宝贵，体会到了父母对自己浓浓的爱，掌握了安全常识和生存技能，树立了正确的生命意识。

（3）心理素质训练

我校组织学生进行心理健康操的学习与体验，并每学期开展一次小学生心理健康操展示活动。小学生心理健康操有益于放松心灵、自我肯定、强化身体锻炼。学生不仅锻炼了身体，还愉悦了心情，保持最佳精神状态。

我校还以游戏的形式组织学生进行感统训练和注意力训练，如双手涂鸦、手指操、88轨道球、定点拍球运球等，通过各种游戏的训练，提高学生的感知能力、学习能力、协调能力和自控能力等。

（4）社团活动

我校本着学生自愿原则，成立学生心理社团，于每周五综合实践时间开展活动。心理社团由学校心理教师负责，主要开展素质拓展、心理学讲座、团体辅导、心理剧排演等活动，让学生学会运用心理健康知识解决自身问题，更深入地了解自己，提升心理健康水平，同时帮助身边需要帮助的人。

3. 四位一体的心理健康指导模式

我校构建家长预防、班主任预防、心理老师疏导和专家疏导四位一体的心理健康指导模式。

（1）家长预防

第一，成立家庭教育团队，创办"润合心语"专栏，定期录制家庭教育视频，更新家庭教育知识，通过学校公众号为家长及时提供科学的家庭教养方法。

第二，定期向家长推荐心理书籍，如《读懂孩子》《心理抚养》等，让家长意识到在孩子成长过程中不仅要关注到孩子的身体成长、学习成绩等变化，更要关注到孩子的心理健康。

第三，定期召开线上、线下家长会，与家长共同探讨孩子的心理健康问题，形成学校、家庭教育合力。

（2）班主任预防

在青少年的成长过程中，班主任对学生的影响是长期的、潜移默化的。班主任将德育工作与心理健康教育有机结合，具有非常重要的意义和无可比拟的优势。学校开展师生面对面谈话、定期家访等活动，及时摸排学生情况，积极开展丰富多彩的活动，促进学生身心健康成长。

（3）心理老师疏导

在校园内设置心理信箱，并在每周五下午开放心理辅导室，让学生的心理问题得以及时有效地疏导。

（4）专家疏导

学校特邀心理健康教育专家到校，围绕情绪管理、学习压力、人际关系等方面，开展系列心理健康知识讲座，助力学生身心健康成长。

（四）关爱教师心理健康

教师的心理素质直接影响着学生心理素质的发展。学校时刻关怀教师心理健康。

第一，每年对教师开展心理健康状况摸排，让老师们及时了解自己的心理状态。

第二，定期对教师进行心理团体辅导和知识讲座，如教师心理团体辅导"平衡生活，合理规划，绽放生命之花""从'心'出发，向阳绽放"，心理知识讲座"小学生常见心理问题及疏导策略""小学生发展特点"等。通过团体辅导和知识讲座，老师们放松了心情，并透过心理学视角来了解自己和学生，进而更好地工作和生活。

在学校教育实践中，德育和心理健康教育都是针对学生的精神和心灵世界开展工作，二者互相融合、协同发展，才能更好地实现"整体大于部分之和"的效果，进而达成育人使命。

七、知行合一，践行劳动实践育人

立德树人是德育和劳动教育的共同目标。第六小学实施劳动德育活动不仅贴近新时代学生的发展实际，更是寻求对育人模式转换的创新，建设更加完善的劳动教育模式，实施更加充实的劳动教育策略，注重更加多元的劳动教育评价。要深刻认识劳动教育的育人价值，明确其对学生成长和学习产生的积极影响，并以此为基础，合理制订劳动教育方案，引导学生乐于参与劳动，在劳动实践中收获劳动智慧。

（一）小菜园·大德育

新时代给德育工作提出了新要求。劳动教育过程蕴含丰富的德育内容，要抓住学习过程中的德育生成关键节点，对学生实施有目的的德育影响，培养学生勤劳节俭、团结协作等优良品质。

1. 结合日常生活培养学生习惯

种植体验活动不同于其他课堂教学，它是一门动手实践课程，需要学生亲身参与实践，通过日常生活中的真实活动来养成良好的行为习惯。例如，学生在种植蔬菜的过程中，记录蔬菜的生长情况，培养观察、记录的习惯。同时，教师可以引导学生在植物生长中体验生命的过程，发现大自然中每一种花草树木都是有生命的，通过实时的学习教育活动培养学生珍爱生命的意识。

我校还结合一些传统节日或节气来开展劳动德育。在应时节的劳动教育主题下，师生一起走进菜园，为植物清理杂草，让孩子们从小树立劳动最光荣的思想。利用古诗词开展品德教育，例如"谁知盘中餐，粒粒皆辛苦"，让孩子们感受劳动成果的来之不易，从而懂得要珍惜他人的劳动成果。

2. 围绕特定主题开展劳动德育

我校围绕不同的目标主题，明确劳动教育的育人方向。在教学设计中，明确学习主题下的德育目标，有意识地引导学生的品行发展。在种植体验活动中，培养学生的团队协作能力。活动开始前，老师将学生按照不同的分工进行分组，每一个小组承担不同的种植任务。学生通过团结协作、相互配合共同完成最后的种植任务，在劳动中体会合作分工、发现问题、解决问题，在合作中学会谦让、互帮互助。每当任务完成后，学生们感受到劳动的欢乐和成功的喜悦，这种体验是劳动所独有的。

3. "小"中有"大"新内涵

"小菜园·大德育"实践活动丰富了德育形式，扩展了德育路径，为德育活动的开展提供了新方法。在德育形式上，"小菜园·大德育"实践活动由"单向灌输"变为"多向交流"，由"平面教育"变为"立体活动"，由"包办代替"变为"自愿选择"。小小菜园蕴含着丰富的德育思考。

德育，彰显了教育以人为本的特点。"小菜园"种植体验活动，既体现了对德育本质和主旨的深刻认识，又反映了对学生在德育过程中地位的准确把握——以学生为主体，学生的发展是现代德育核心价值的定位。

（二）多彩实践活动，丰富德育成果

为贯彻落实教育部《中小学综合实践活动课程指导纲要》《大中小学劳动教育指导纲要（试行）》，推进第六小学综合实践活动和劳动教育课程的有效实施，学校结合本校实际情况，开展形式各样的"多彩劳动实践节"活动，将实践资源与文化育人相结合，围绕不同的德育主题，针对性开展内容鲜明、具体生动的德育实践活动，打通德育教育新途径，拓宽实践育人新空间，营造特色校园文化氛围，形成积极向上的良好风貌。

活动一：手绘彩蛋庆圆满

端午节画彩蛋寓意着逢凶化吉、平平安安。我们可以用彩色网袋将鸡蛋挂在孩子的脖子上，祝福孩子平平安安。彩蛋不只是食品，更是一种装饰品。

在鸡蛋、鸭蛋、鹅蛋上精心描绘出一条条彩色花纹，勾勒出一个个童趣形象，传递着吉祥安康的美好寓意。活动结合端午节的传统习俗，通过绘画，激发了同学们的想象力，提高了审美能力。

活动二：童心同心做龙舟

赛龙舟是我国端午节的习俗之一，也是端午节重要的民俗活动，在中国南方地区普遍存在。在北方靠近河湖的城市也有赛龙舟的习俗，场面十分震撼。

孩子们纷纷化身手工制作小达人：画图、裁剪、组装、涂色；选材、捏型、拼接、修整，创意不断，精彩纷呈。一个个形态各异、栩栩如生的"端午龙舟"承载着同学们对传统文化的无限热爱。

活动三：缤纷彩绳送祝福

五彩绳，古代也叫长命缕，端午节当天系在手腕、脚腕等地方，传说可以防五毒。五彩绳在节日当中有祝贺的含义：平安吉祥，带来好运。

一人负责扯住彩绳的一端，一人左手紧紧攥住中间的主线，右手上下翻飞，另一人则在一旁负责添加彩珠等装饰。一根根五彩斑斓的彩绳既体现了同学们的手工制作能力，又展现了团结协作的魅力。

活动四：穿针引线制香包

端午节大人小孩佩香包，传说可以驱除瘟疫。香包内有朱砂、雄黄、香药，外包以丝布，清香四溢。

同学们精选布料，认真裁剪，细致缝合，再以五色丝线锁扣，做成姿态各异、小巧可爱的端午香包，于一针一线中体味传统文化之美。

活动五：精心巧手裹香粽

端午节吃粽子是我国流行范围很广的传统习俗。每年五月初五，家家户户浸糯米、洗粽叶、包粽子，馅料多样。

绿色的粽叶、雪白的米粒、诱人的红枣在同学们灵巧的双手中，经历折叶、放原料、包裹、捆绑等环节后，变成一个个新意百出的端午粽。同学们互相欣赏着大家的成果，谈论着端午的习俗，也体会着"只有劳动才能创造幸福生活"的道理。

劳动德育最主要的目标是让学生产生对劳动的热爱，感受劳动与付出的快乐。因此，在劳动教育活动开展期间，教师更侧重于对学生劳动习惯的培养，让学生形成良好的劳动态度，引导学生感受劳动的辛苦，从而更加热爱生活。现阶段，学校正在开展的劳动技术课程包含的内容有很多，如日常生活劳动、志愿服务等。学生在课上通过不断学习，能够熟练掌握各项操作技能，强化对自身兴趣爱好的挖掘。

无论时代怎样变化，劳动在德育中都发挥着不可替代的作用。在劳动中，学生的手脚和大脑能得到锻炼，可以找到自我价值，学会分享劳动果实，并珍惜他人劳动成果。因此，为了促进学生全面发展，学校在德育工作开展阶段，应该强化对劳动教育的重视，合理制订教育方案，从多个角度组织学生开展劳动活动，让学生在劳动中感受快乐的同时，也在潜移默化中形成良好的道德品质。

八、家校携手，组织亲子德育活动

家庭是人生的第一所学校，家长是孩子的第一任老师。为进一步推进《中华人民共和国家庭教育促进法》的宣传普及与贯彻落实，引导广大家庭树立正确的家庭教育观念，弘扬中华民族优秀传统文化和优良家风，学校开展亲子德育系列活动，以此推广正确的家庭教育方法，提高家长教育素养，形成家校协同育人机制，营造家、校、社协同育人的良好氛围。

（一）节日亲子主题，营造家庭教育氛围

我校营造活泼向上的"润合"亲子文化，促进亲子、家校关系的和谐发展，为亲子情感交流创设平台，为学校的德育活动注入新活力、新动力。学校每年依托四大节日举行亲子实践活动。清明，亲子携手包春饼；"六一"，亲子游园快乐陪伴；中秋，亲子月饼庆团圆；冬至，亲子共享"搓圆"乐。在实践体验中，孩子们了解到各种节日文化，感受到快乐祥

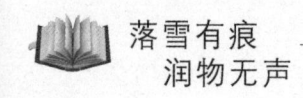

和的节日氛围，更享受了浓浓的亲情。家校携手，心手相牵，亲情互动，为孩子们健康快乐地成长搭桥护航。传统节日主题活动成为学校"润合"德育亲子文化的有效载体。

（二）父亲角色主题，激活家庭教育资源

2022年，家庭教育已从"家事"上升为"国事"，《中华人民共和国家庭教育促进法》的出台让"带娃"有法可依、有法可循。家校协同工作的方向不是把家庭变成学校，而是让家庭更像家庭。父亲参与教育是家长角色重要责任的体现，家庭生活的和谐程度影响着父亲角色的投入。学校以德育活动为载体，开展系列父亲参与的亲子交流活动，如"魅力爸爸进课堂""活力爸爸亲子秀"等。

在终身学习的大背景下，我校积极搭建线上培训平台，如"爸爸蓄能站""依法带娃幸福有方""家庭教育云课堂"等，邀请优秀父亲现身说"法"，组织家庭成员参与学习，以此帮助其更好地进行自身角色定位和自身职责明晰，提升父亲角色参与教育的理论基础。

为激发父亲树立正确的教育思想和理念，发挥模范父亲的引领示范作用，学校开展"我有一个好爸爸"主题教育教学活动，每年评选优秀家长，包含"魅力爸爸""活力爸爸""好学爸爸"等，以此辐射带动更多的家庭成长，发挥父亲在家校共育中的作用。

第六小学致力于搭建父亲参与家庭教育的桥梁，引导父亲回归家庭教育、参与学校教育，见证孩子的成长。学校持续关注家庭教育中儿童成长的共性问题，让父亲力量注入儿童品格；也将继续挖掘、激活家庭教育资源，走出一条富有特色的家校共育之路。

（三）假期亲子主题，引导家庭教育方向

"读万卷书，行万里路。"假期是孩子走进社会的大好时机。寒暑假期间，学校鼓励家长和孩子参加社会实践和社会公益活动，培养孩子的社会

责任感；倡导家长陪学生走出家门"亲子游"，领略祖国的大好河山，感受祖国的繁荣富强。同时，引导家庭开展"亲子共读"活动，激励家长利用假期，与学生共读好书。

广泛开展亲子活动的同时，家长和学生积极撰写相关的活动心得，在班级家长微信群里展示交流亲子活动的记录和感悟。学校收集评选真情实感的作品，推送亲子活动成果：

①《我的家风家训故事》《我家的传家宝》：家庭里有意义的物件、家风、家训故事。

②《劳动创造幸福生活》：做家务或其他劳动的感悟。

③《见证父母》：观察、帮助家长工作，体会家长辛苦。

④《家国变化"70年"》：让孩子了解中华人民共和国成立以来，家乡的变化与国家的发展。

⑤《我的青春岁月》：记录父母的经验或教训，传递给孩子成长经验，助力孩子成长。

⑥《成长与期许》：学生总结一学期的成长历程，找出经验和不足，展望新学期；家长记录孩子过去一学期的成长历程，写出对孩子新学期的期许。

⑦亲子共读：家长与孩子共读一本书或一篇文章，分别撰写亲子共读笔记。

⑧《"亲子游"所感》：亲子共游后书写游记。

⑨《亲子活动感悟》：记录家长与孩子共同参与的活动，并写出亲身感受。

⑩亲子活动照片、短视频等：记录活动精彩场景。

（四）亲子运动会主题，激发家庭教育的活力

开展亲子运动会，搭建家庭教育良好沟通桥梁，进一步激发家庭教育活力。运动会采用分组式进行，设有"宝贝向前冲""合力赶小猪""小

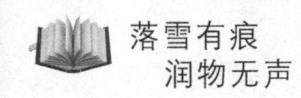

马过河""同心弹球""眼明手快""同心协力"等趣味项目。在热烈的活动现场，默契配合的家庭、齐心协力的父母孩子，释放出积极向上、充满正能量的生活态度，让孩子们感受到家庭活动的快乐与感恩，尽享美好亲子时光。

活动现场还邀请家庭教育专家进一步普及健康知识，增强家长健康意识，提升参加活动人员的家庭健康理念，为营造安全、和谐的健康环境奠定坚实基础。

"健康安全、轻松愉快、谦让和谐"是活动的出发点和落脚点。家长们期待通过亲子活动，加强父母与孩子之间的沟通，营造默契和谐的家庭氛围，培养孩子们的深厚友谊。同时，学校通过活动引导家庭培育良好家风，注重亲子陪伴、亲子教育，关心孩子健康成长，营造和谐健康的家庭环境和社会环境。

通过亲子德育活动，家长们的教育观念发生转变，自身素质得到进一步提高，形成家庭、学校、社会的教育合力。家校携手的共育实践，为构建和谐社会搭建了桥梁。

九、履践致远，社会课堂德育研学

德育社会资源泛指广泛存在于社会上，一切有利于提高人的思想道德、塑造人的美好心灵、形成科学世界观的资源。德育社会资源的内容是丰富多彩的，包括爱国主义、革命传统及生产劳动教育基地，也包括中华人民共和国成立以来特别是改革开放以来伟大建设成就的具体生动的现实教材，还有大量可以利用的校外文化教育阵地等。依据类别，德育社会资源可分为社会人力资源、景观资源、精神文化资源，它们都是德育的潜在资源。充分发掘社会资源德育效能，形成学校德育教育的重要素材，既是学校德育工作的重要内容，也是学校、家庭、社会"三位一体"共同进行学生思想道德建设的有机组成部分。

我校紧紧围绕立德树人根本任务，以贯彻社会主义核心价值观为引导，积极探索德育管理工作新思维、新模式、新机制，在阵地建设、师资建设、社会参与上下功夫，广泛开展形式多样的道德养成教育和社会实践活动，拓宽学校德育的广度与厚度，为德育工作奠定坚实基础。

（一）乡土研学，在寻根体验中构建德育新路径

乡土研学旅行是以锻炼学生的独立能力及综合实践素质、提高实践能力为学习目的，充分挖掘本土化资源，发掘本土区域的社会资源优势，对学生进行体验式教育的一种教育活动。乡土研学旅行基地是研学旅行的重要硬件设施，是学生在研学旅行中接受实践锻炼和德育教育的重要载体。

充分利用本地资源的优势，提高研学旅行的多样性与趣味性，以经典且有趣的本土资源来激发学生的学习兴趣，引起学生对当地文化的兴趣和认同感，让当地传统文化能够得到继承和发扬。在传统文化的感悟学习中，形成继承和发扬传统文化的愿景。

在"中国渔灯文化之乡"的民俗盛宴"渔灯节"，感受数百年的非遗文化和胶东民俗；在"甲骨文之父故里"探寻甲骨文字奥秘，感受中华汉字文化的源远流长；走进烟台市博物馆，追寻红色革命足迹，感受胶东红色文化精神……一系列的乡土研学实践活动陶冶了学生的情操，丰富了学生的课外生活，激发学生热爱生活、热爱家乡的情怀。

（二）文化研学，丰富学生文化内涵德育新方式

走进文化意蕴深厚的地区开展研学活动，让学生真切体验先进文化、传统文化。研学旅行，让学生在生动形象的体验和感受的过程中，展开对自身、对家庭、对社会、对祖国的全面而深刻的认识，使之更深刻地懂得学习的真谛、人生的意义，从而激发斗志，为实现"中国梦"而努力奋斗。

组织开展"祖国的心脏"研学旅行活动，带领同学们来到祖国的首都北京——一个具有丰富的文化底蕴的城市，在这里领略名校的风采，领

略天安门升国旗奏国歌的壮丽，领略长城的雄伟壮观，领略圆明园"人类文明之泪"的惨痛，领略中国人民英雄纪念碑的雄壮……在研学旅行的过程中，学生们团结合作、换位思考的意识得到了很好的培养，自我管理能力和自信心有了极大的提升。他们在学习祖国历史、认识祖国发展进程的过程中，了解到祖国母亲曾经历的苦难，有效地激发了爱国热情和为中华之崛起而奋斗的决心。

（三）人文研学，实践体验德育新模式

旅行是形式，研学才是本质。研学旅行应将"学"和"研"科学地结合起来，不能只注重形式而忽略了教育的本质。因此，在研学旅行开展的过程中进行体验和交流，是研学的基本模式，让学生在体验和交流感悟的基础上，展开丰富的学习和实践，让德育在丰富的教学体验中得到科学的渗透。

例如，开展学生职业研学旅行活动，走进所在地域的环卫工人、警察、销售员、司机等角色，体验不同职业的人所处的环境、对人的态度和方式等，感受不同的人文情怀。在与人的相处和交流中，学生能够认识到不同行业的人都是社会不可或缺的一分子，自己的父母也是他们中的一员。在研学旅行的体验中，学生能够感受到父母工作的艰辛，感受到工人叔叔阿姨们工作的不易，感受到不同行业的风险和付出，从而学会以平等的观念来对待他人，以积极的态度对待学习，以孝的方式对待父母，以敬的方式与人相处，时刻考虑他人的心理和感受。

在一次体验活动结束后，孩子们写下了各自的感言：

暑假社会实践活动在盼望中如期而至，我有幸当上了小主持人。听了老师的防溺水讲座，我学会了如何救落水的人以及如何做心肺复苏。通过这次讲座，我懂得了"生命既宝贵又脆弱，我们要好好珍惜自己的生命"。在为建筑工人送"清凉"活动中，看着他们脸上晶莹的汗珠，我想起了那句话——"劳动是致富的关键，辛勤劳动的人最光荣"。我们也一定不能

怕吃学习的苦，好好学习才能创造美好的明天，加油！

——刘同学

"赠人玫瑰，手有余香。"讲座过后，老师带领我们去工地给建筑工人们送"清凉"。炎炎夏日，天气闷热，平时我们都舒舒服服地在房间里吹着空调，而这些建筑工人却顶着烈日辛苦地工作，衣衫早已被汗水打湿。看到此景，我不禁心疼起他们。同时，我也感悟到一个道理：在平时的学习生活中，遇到的种种困难，跟这比都不算什么，以后我会迎难而上，做更好的自己！

——徐同学

社会德育资源的有效开发和利用，与教师的高度重视、社会的大力支持、社区成员的积极参与是分不开的。为此，必须建立社会德育资源开发的有效机制，确立德育社会化建设的总目标，即在改革开放的社会大环境中，有目的、有计划、有组织、综合而有效地运用影响学生身心发展的各种社会因素，变单一的学校教育为社会教育、家庭教育同学校教育紧密结合的德育，扩展学校德育的时空范围，优化社会德育环境，形成有利于学生健康成长的社会、学校、家庭德育一体化新局面。

我校"润合"德育建设是一个不断推进、不断完善、不断发展的积淀过程，在创新中形成，又在创新中发展。它需要一个个德育环节作为支点，才能推动学校高水平内涵式特色发展。德育活动体系作为学校"润合"文化建设的重要组成部分，需要在实践中不断探索，更需要与时俱进、创新思路，才能开创德育工作的新局面。以文化人，以德育人，让德育活动体系的创建厚植于学校"润合"文化土壤；以活动创造文化，以文化影响活动，才能更好地促进学校德育效能的提升，德育特色之花才能开放得更加绚烂多姿、生机勃勃。

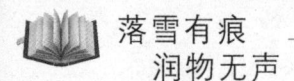

第三节　润德慧育，学生品行养成实施成效

"润合"教育根植于学生的生活实际和学校的办学特色，致力于构建"润物无声"的教育生态，倾力打造和合课程、和合活动、和合资源三维立体的"和合共生"绿色生态育人体系，温润学生的生命过程。

一、特色文化建设，打造"润物无声"的德育生态

（一）规划项目序列，营造绿色教育生态

校园文化环境是一种无形的"课堂"，学校以可持续发展思想为指导，以项目式理念引领校园文化建设，落实校园文化育人功能。

我校以打造"山东省最美校园"为工作目标，通过建设阅读、科技、艺术、体育等主题化的文化长廊，构建环境优美、布局典雅的校园育人环境，彰显学校人文底蕴；通过创建"民族团结进步示范单位"，将社会主义核心价值观、民族大团结、爱国主义精神、传统文化等教育元素融入校园文化环境；打造"烟台市艺术特色学校"，建设校园艺术主题展厅，成立"蜡染工作坊""追梦舞蹈社团"等艺术特色工作坊和社团；将科技教育作为重要工作，打造"小工匠实验室"特色科技教育品牌，建设科技体验角、人工智能、创意设计等系列科技教育空间，培养学生的科学精神和

创新能力。学校以主题项目化建设为依托，构建立体式文化育人环境，将德育元素融入校园建设，以深厚的底蕴深刻影响着教育生长。

（二）赓续红色血脉，传承红色时代精神

习近平总书记曾说："中华民族是英雄辈出的民族，新时代是成就英雄的时代。"第六小学始建于1939年，抗日志士于业功任学校第一任校长，英雄的校史奠定了红色文化基因。我校在胶东红色文化与百年校史的基础上，对英雄进行新时代解读，将学生持之以恒、自尊自律、求真务实、爱国奉献等良好习惯与优秀品质赋予了"新时代小英雄"的内涵，提出了"做新时代小英雄"的实践主张，指导学生的习惯养成与精神修养。

1. 赋予"小英雄"新内涵，培育习惯品质

向英雄学习是新时代不变的主题，以英雄人物为榜样，从小"学英雄，做先锋"是新时代好少年的标准。培养学生良好的行为习惯是持之以恒的德育工作主线。第六小学秉持"导之以行、持之以恒"的德育理念，开展以"恒"为主线的习惯养成教育。举办"常规行为训练月"活动，让学生养成吃苦耐劳、持之以恒的良好习惯；在落实《中小学生守则》教育基础上，制订符合学校办学特色的《养成教育20条》，倡导学生做一个自尊自律的好少年；发布以"一会两讲"为核心的"星星之火"学生养成提升行动计划，引导学生树立"勤学善思，明理笃行"的行为态度。将学生行为习惯养成与英雄"持之以恒"品质相融合，培养独具本校特色的"新时代小英雄"！

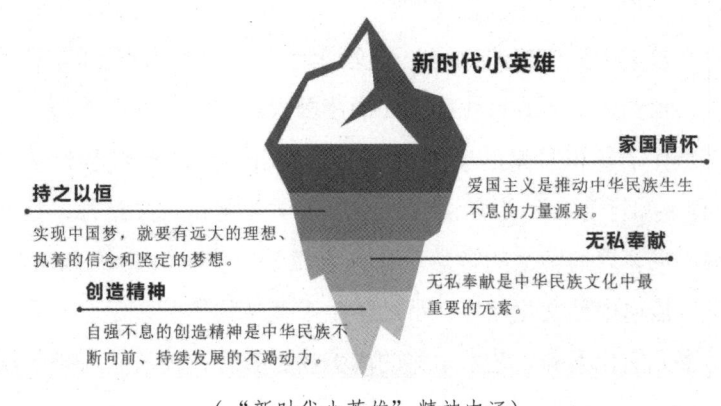

（"新时代小英雄"精神内涵）

2. 党建品牌引领，创新育人路径

我校以"红烛争辉·葵花追梦"党建品牌为引领，推进德育建设，夯实学生人生基础。烟台市地处胶东重要地理位置，我校在实施国家课程和地方课程的基础上，充分挖掘胶东红色文化资源，深化特色教育内涵，为学生搭建"七彩之梦"发展平台（金色品行之梦、红色文化之梦、橙色阅读之梦、绿色健康之梦、蓝色科技之梦、紫色艺术之梦、多彩行动之梦），开展以"红"为主线的实践教育，引导学生传承红色基因，向英雄致敬，向英雄看齐，培养具有红色底蕴、时代特色的"新时代小英雄"。

二、多维育人途径，淬炼"和合共生"的德育路径

我校在打造"润物无声"的德育生态基础上，以课程涵德、活动载德、家校育德为路径，以"和合共生"为实践理论基础，探索出一条致力于学生成长的共建共育、慧育共生的德育新路径。

（一）和合共生——"三级课程"建设铸牢德育成长体系

第一，充分发挥国家课程是学科教学主渠道的作用，发挥课堂是德育教育主阵地的作用，深入挖掘学科德育资源，切实发挥学科德育实效，使全科德育、全程德育成为教育现实。

在语文教学中提出打造"绿色语文课堂"的目标，即追求学科德育的润物无声、水到渠成、春风化雨。如诵读国学经典，重在汲取历史文化积淀，着力点在于日积月累的感悟中增强民族自豪感。在数学教学中借助"德融数理·知行合一"德育模式，传承数学文化和人文精神，让文化浸润学生的心灵，启迪学生的智慧。在英语教学中明确学科的德育渗透点，便于向学生传递中外文化差异，帮助学生丰富文化体验，学会尊重不同文化，提高多元文化素养。艺术学科的尚美尚德教育，体育、心理等学科的

健美教育、健康品质教育等等无不以激励主体参与、唤醒主体情感为出发点，包含丰富的德育素材和情景，充分挖掘其中的德育资源，达到理想的育人效果。

第二，吸吮地域文化，吸取德育教育智慧，以文化育人走向学校内涵发展之路，树立学校德育特色之品。

烟台具有丰富的地域文化内涵，如胶东红色文化、滨海文化等，蕴藏着丰富的德育教育资源。以地方课程为本体，以传统文化、红色文化、实践活动为抓手，集学校、家庭、社会之合力，整合资源，创设各类特色课程，促进学生在学习与实践中全面发展。

第三，特色课程搭建德育实践平台，丰富德育收获之美，"润育"学生成长。

基于本校校情、学情，学校积极整合校内外资源，探索开发了一系列特色校本课程，为学生打造了一个全面发展的环境与平台，不断塑造学生向善尚美优秀品质，让学生在实践中发现美、欣赏美、创造美，将健康的审美价值取向内化为自我追求。

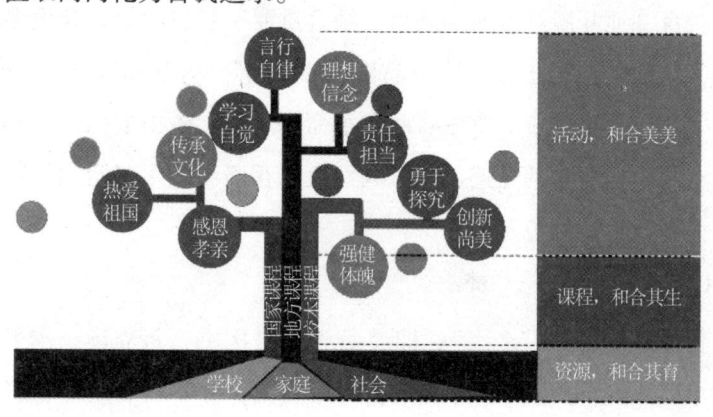

（"和合共生"德育课程体系）

（二）和合美美——"七彩之梦"活动为学生搭建德育成长土壤

我校为学生搭建"七彩之梦"发展平台：金色品行之梦、红色文化之梦、橙色阅读之梦、绿色健康之梦、蓝色科技之梦、紫色艺术之梦、多彩行动之梦，建设基于学校"三四三"育人目标的德育活动框架，组织具有德育价值的实践活动，以活动促进德育的深度发生。

1. 金色品行之梦

制订并落实"星星之火"学生养成提升行动计划，以习惯养成为主抓手，将德育作为养成教育重要阵地；充分挖掘社会资源，把德育工作融于社会大环境，搭建双向互动的活动平台；开展"老师给我讲党史""党史宣讲进社区""寻找身边的榜样"等实践活动，增强学生的社会责任感和成长内动力。

2. 红色文化之梦

紧紧围绕"英雄"主题，以胶东地区15位英雄的光辉形象为素材，开设"走近英雄"红色校本课程，通过组织"英雄"主题活动，帮助学生认识英雄、学习英雄、争做"新时代小英雄"，激发学生爱党爱国爱社会主义的积极情怀，引领少年儿童从红色文化中汲取前行的力量；利用爱国主义教育基地开展红色研学旅行，结合重要节日、纪念日开设多种少先队课程，让学生"走出去"陶冶品格。烟台国际博览中心、烟台开发区城市展览中心、雷锋事迹展览馆、胶东革命纪念馆、磁山爱国主义教育基地等，都有同学们研学的足迹。一系列红色课程引导学生坚定理想信念，赓续红色血脉，传承红色基因。

3. 橙色阅读之梦

大力倡导读书"三个一"，即"每天读一次书，每周读一本书，每月买一次书"，培养学生养成每天阅读的好习惯；分学科、级部、班级开展系列阅读活动，指导家长积极参与家庭亲子阅读；开发《诗选》《词选》《文言文选》等课程教材，以经典引导学生思考人生、规划人生。阅读用前人深邃的思想点燃学生的理想信念，启发学生自觉形成良好的行为习惯，塑造丰满品格，感受中华优秀传统文化的博大精深，成为自信而有担当的中国人。

4. 绿色健康之梦

采取"三点一线"的方式开展丰富多彩的课外体育活动，积极推进"一校一品""一校多品"建设；以趣味体育、竞技体育、传统体育为支点，串联起德育教育的主线，保证每名学生"每天锻炼一小时"，在体育锻炼中感受运动的魅力；以趣味体育塑造阳光心态，以足球、篮球、排球、乒乓球、跳绳等多种竞技活动培养规则意识，以武术、八段锦等传统体育涵养情操，"磨炼坚强意志，锻炼强健体魄"。

5. 蓝色科技之梦

以"弘扬科学精神和工匠精神"为目标，基于STEAM教育理念引入创客教育，成立"小工匠实验室"，围绕智造、创意、融合、助力4个维度，基于信息技术逐步开发出人工智能、创意编程、创意智造、3D设计等创新课程，在动手实践中培养学生的科学精神和创新能力，为学生的终身发展助力。

6. 紫色艺术之梦

推进艺术工作坊与艺术社团建设，引导学生进行艺术传承及创作，感受劳动人民的智慧魅力，培养想象力和表现力，以自己的方式表达对祖国和人民、对党的热爱。蜡花染、三角插、乐陶艺、追梦舞蹈、小葵花合唱等，孩子们在专业老师的指导下，以既有创意又有美感的艺术作品，表达自己对生活的感悟。

7. 多彩行动之梦

建设劳动基地、综合实践活动基地，让学生在劳动中收获智慧。充分利用社会教育资源，开展社会实践活动，小志愿者们在老年活动中心、图书馆中以行动温暖他人；孩子们在科技馆、航天展、博物馆等社会大课堂中夯实自己的知识基础。

（三）和合共育——发挥协同育人交互功能，构建德育立体网络

我校以立德树人为根本任务，构建"润合共育"家校共育机制，成立"润合共育家校协同育人中心"。中心下设4个部门："润合共育指导部""润合共育课程部""润合共育家长学校委员部""润合共育志愿服务部"。4个部门联合推进，共同做好家校共育工作。在此基础上，我校以培养学生的良好行为习惯为切入点，以家庭教育为抓手，开发了"学校指导家长培养学生良好行为习惯"家庭教育校本课程——"润合共育课程"，创设了自理、自立、自读、自律四大课程体系，编写了"家长培养学生良好行为习惯"专题校本教材——《润合共育指导手册》。

以学校和家庭为主阵地，我校立足于学生身心发展特点及家长需求，结合家庭教育主题月活动主题，紧扣不同学段和年级的家庭教育问题，构建家庭教育主题讲堂活动、亲子活动和心理护航活动三大活动体系，明确品德习惯、学习实践、合作交流、强身健体、劳动审美表现5个维度，强化全程育人，促进学生全面发展。

为给学生提供更大的提升平台，我校积极整合线上线下资源、校内外资源，将德育资源拓展至多维度、全方位。在多次实践与探索下，"法治大讲堂""科技大讲堂""戏曲进校园"等线上线下课堂应运而生。

（四）"润合"德育践行方向

德育无止境，扬帆正当时，第六小学通过落实《山东省中小学德育课程一体化实施指导纲要》，彰显立德树人根本任务，坚持环境育人、课程育人、实践育人、资源育人，形成良好的德育环境，"润合"教育理念下的教育生态逐渐形成，以"红烛争辉·葵花追梦"党建品牌为引领，以"润德、启智、健体、合美、笃行"促进"五育"融通共进。

第二章

「合融之育」学生关键能力发展探究

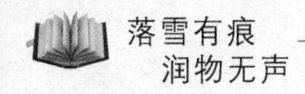

落雪有痕 润物无声 —— 小学生品行养成与能力发展探究

2023年2月，教育部怀进鹏部长在赴山东的调研中指出，党的二十大报告首次把教育、科技、人才"三位一体"统筹谋划，赋予教育在全面建设社会主义现代化国家新征程中新的战略地位、历史使命和发展格局。2023年作为贯彻落实党的二十大精神的开局之年，怀部长强调要"扎实推动教育事业取得新进步"。义务教育作为教育体系的重要组成部分，其质量的提升体现在学生核心素养的发展，而"学生关键能力发展"则是"学生发展核心素养"的目标之一。2014年，教育部研制印发《关于全面深化课程改革落实立德树人根本任务的意见》，其中首次提出"教育部将组织研究提出各学段学生发展核心素养体系，明确学生应具备的适应终身发展和社会发展需要的必备品格和关键能力"。2016年9月，《中国学生发展核心素养》研究成果在京发布。学生发展核心素养，主要指学生应具备的能够适应终身发展和社会发展需要的必备品格和关键能力。

关于学科发展能力，上海教育学会会长尹后庆先生认为，今天的学科教学不能只是向学生传述知识是什么，而是需要了解它的学科价值，使得学科成为学生个人同社会的重要联系。而学科关键能力发展便是实现学生与社会联系的关键桥梁。

本章以学生关键能力发展研究为核心，基于烟台市教育科学研究院《基于学科核心素养的学部课堂教学改革方案》，积极探索深度课堂建设路径，同时以语文单元拓展整合阅读研究、数学益智课堂教学模式研究为载体，探索学科教学新模式，践行课程新理念，全面发挥学科育人功能，使学科教学成为发展学生核心素养的主渠道。

第一节　学生关键能力发展与深度课堂改革实践

一、深度课堂——学生关键能力发展载体

中国学生发展核心素养以培养"全面发展的人"为核心，分为文化基础、自主发展、社会参与3个方面，综合表现为人文底蕴、科学精神、学会学习、健康生活、责任担当、实践创新等六大素养，具体细化为人文积淀、国家认同等18个基本要点。党的二十大报告提出："育人的根本在于立德。全面贯彻党的教育方针，落实立德树人根本任务，培养德智体美劳全面发展的社会主义建设者和接班人。"发展核心素养是落实立德树人根本任务的一项重要举措，而落实学生核心素养，关键在于课堂教学。烟台市教育科学研究院下发的《基于学科核心素养的学部课堂教学改革方案》、烟台经济技术开发区教研室下发的《核心素养导向的深度课堂教学指导意见》均将深度课堂建设作为落实学科核心素养的主渠道。

从国内外教育改革的发展趋势看，教育的首要目标是让学生学会学习，课堂教学也应逐渐以学生的"学"为中心。《核心素养导向的深度课堂教学指导意见》中指出，深度学习是课堂转型的基本标识，也是培育学生核心素养、让学生学会学习的有效途径。让深度学习在课堂真实发生，让学生深度参与教学过程并深刻理解学习内容的课堂即为深度课堂。深度课堂的建设，其实就是推动教育回归育人本位、精研学科本质，从而实现"教"与"育"的真正融合。这其中的"深度"，并非指教学内容的深度与难度，而是更加以学生为中心，关注学生的学习活动，即教师要在课堂上指导学生进行深度阅读、深度探究、深度沟通、深度合作、深度辩论、深度反思等具体学习活动。而值得注意的是，深度学习的发生其实就是注

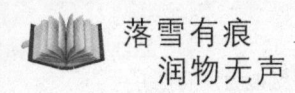

重激发与培养学生在学习或生活等真实情境中做出某种"行为"的能力或素质，而这种"能力或素质"就是核心素养导向下课堂改革的最终目标——适应终身发展和社会发展的关键能力。

关键能力的获得使得学生能够适应终身发展和社会发展的需要。何谓关键能力？中国学生发展核心素养从文化基础、自主发展、社会参与3个方面，总结出六大核心素养，又由此细化为18个基本要点，这18个基本要点应是学生发展的关键能力。

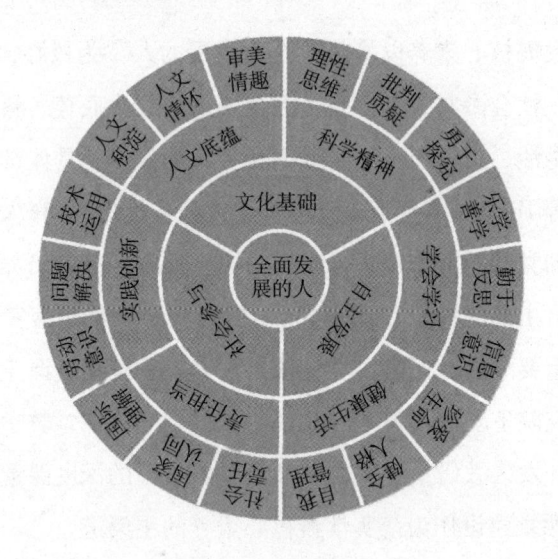

（中国学生发展核心素养）

《核心素养导向的深度课堂教学指导意见》指出，深度课堂改革要坚持"育人本位"，秉持"课程立意"，突出"学习中心"，真正实现深度学习在课堂发生，实现学有所思、学有所获、学有所成。随着核心素养逐渐成为教学改革的引擎，深度学习渐趋成为课堂转型的标识，深度课堂建设便成为学生关键能力发展的重要载体。

二、学校深度课堂改革实践探索

为全面深化教育教学改革，有效落实立德树人的根本任务，第六小学基于烟台市教育科学研究院《基于学科核心素养的学部课堂教学改革方案》、烟台经济技术开发区教研室《核心素养导向的深度课堂教学指导意见》等文件精神，结合"润合"教育理念及"三四三"育人目标，以"七彩之梦"课程育人体系为基础，积极推进深度课堂改革，重点对课程规划、教学评价、课堂转型进行实践探索，坚持求真务实、实践创新、提质增效的原则，真正把"育人本位、课程立意、学习中心"三大核心理念转化为实际行动，全面提升学生核心素养与学科育人质量，真正办好让人民满意的教育。

（一）深度课堂改革目标及总体思路

深度课堂改革坚守育人本位，以核心素养为导向，积极探索国家课程的校本化实施，实现学科内、学科间、跨学科"课程统整"，构建优质学科课程群；秉持课程立意，提倡"学、评、教"一体化，探索深度课堂教学的有效策略，实现课堂模式、教学手段、学习方式多样化；突出学习中心，构建以"学"为中心的新课堂模型，培育学生沟通合作、批判性思维的人格特质，让学生学会学习，促进学生全面健康发展。

第六小学深度课堂改革践行"12345"路径，即坚持1个重点、落实2项工作、树立3种思想、倡导4种结合、开展5项活动。"坚持1个重点"指的是：优化课堂教学，提高课堂教学效率，积极探索课堂教学新模式，提升教学质量，创办优质教育。"落实2项工作"指的是：落实教学过程的全程管理，抓好教学常规管理质量，完善长效管理机制；落实教学问题研究活动，扎实教科研质量，逐步提升教学能力。"树立3种思想"指的是：坚持教学"从一年级抓起"的思想，实现教学的层级推进；坚持教学"关注每一个孩子"的思想，关注教学的差异性；坚持教学"面向所有孩子"的思想，关注教育的全面性。"倡导4种结合"指的是：倡导学习与反思相结合，倡导实践与研究相结合，倡导观摩与丰富相结合，倡导提升与完善相结合。"开展5项活动"指的是：开展精品课展示、诊断课反思、主题研讨会、名师课例观摩、教学大比武 5 项活动，推进课堂改革的高效性。

（二）深度课堂改革实施路径探索

1. 加强专题研讨，架构深度课堂教学理论体系

（1）以研促教，引领深度课堂发展方向

第六小学以学科主题教研为龙头，以研促教，坚持以"自修—探讨—反思"教研模式促进课堂教学改革走向高效率、高质量和高品质。

一是抓好教师校本培训。校本培训采取各教研组"线上线下"相结合的方式。线下通过印制学习《基于学科核心素养的学部课堂教学改革方案》《核心素养导向的深度课堂教学指导意见》等重要文件，精选《深度学习：走向核心素养》《追求理解的教学设计（第二版）》等阅读书目，开展"同读一本书"等多种教育理论学习研讨会，全面提升教师的专业素养。

二是组织多层次的学科研讨。各学科组定期开展学科教学研讨，从高效备课、人人研课、集体备课等层面，从学科课程标准、教学目标及评价标准等方面，开展"研读课标—制订目标—学习达标"层次推进的学科教研活动，促使准确把握学科特点，落实学科核心素养培育点，进行课堂重构，加快课堂转型。

（2）课题引领，拓宽深度课堂推进途径

一是问题导向，确定课堂研究方向。以课题研究助力课堂教学，对于课堂改革推进中存在的问题，教研组积极组织教师进行问题导向的课题研究，边研究、边实践、边反思，逐步实现课题研究服务教学、教学实践充实课题研究的良好教科研生态。

二是项目式研究，推动教学模式创新。学校积极探索核心素养导向的项目式研究，以"学科大概念"为方向，以"小步子、低台阶、解问题、求实效"为原则，推动学科项目教学模式的探索，为深度课堂的推进探寻

有效的改进方法。

2. 落实重点工作，建构深度课堂改革的整体框架

（1）建构三级学科目标体系

核心素养作为教学改革的引擎，是学科育人价值的集中体现。因此，学校集中骨干力量梳理核心素养导向的大观念、大概念，积极构建三级学科目标体系，为教师开展深度课堂改革破除阻碍与困难。

精研课程标准，制订学期课程目标。课程标准是课堂教学的导航。教师在学习专家解读的基础上，结合自身理解，准确把握课标要求与精髓。各学科组坚持"标"不离手，"标"不离口，提升教学行为的准确性，提高教学评价的专业性，制订科学合理的学期课程标准。

钻研学科教材，制订单元教学目标。在钻研学科教材中，学科组坚持"2个重点"：纵向把握全册教材的设计理念，横向研究单元核心素养点；把握"3个层次"：从学生角度、编者角度、学科素养角度研读教材，确定单元教学目标。

立足具体学情，制订课时学习目标。课堂教学，学生是主体。学习目标的制订离不开对学情的研究与把握。学科组要求教师在制订课时学习目标时，关注学生的知识基础、智力条件、兴趣爱好和生活经验等方面，坚持"小步子、小台阶"的原则，找准教学起点；坚持因学定教，实现绝大多数学生达成目标，少数学生超越目标。

（2）推行大单元教学设计

学科组在充分研读教材的基础上，依据课标，基于学情，对教材原有单元知识进行适度拓展整合。

注重单元内容与课程目标建立价值联系。单元教学要注重单元内容整合过程中的价值导向，组织教研组梳理知识脉络、准确定位要素位置，在文本学习、小组交流、自我对话中促进学生的认知能力、思维能力、人际交流能力等关键能力发展，实现学生价值观念的培养与引导。

注重单元内容与知识系统建立逻辑联系。单元教学从整体架构、设计

意图、单元重难点、学习过程及教学方法等5个方面建立逻辑关联，实现教师与学生思维对话的持续展开，进而实现教与学的梯度推进。

注重单元内容与学生学习建立意义联系。单元教学既要立足于不同学段学生的学习基础和发展需求，又要注重学科核心知识与学生生活经历相关联。在单元教学中，教师将知识内容以"情景—探究""问题—对话""资源—发现"等方式进行呈现，激发学生的好奇心、求知欲和批判探究精神，从而实现学生的深度参与、深度学习，引导学生与知识之间建立有意义的联系，确保学生学科素养的螺旋式提升。

（3）探索深度课堂实践模型

随着深度课堂建设的开展，我校积极开展以发挥学生主体地位为核心的"学—评—教"课堂模式实践探索。

"学"：教师出示学习目标，明确学习重点；学生以集体学、小组合作学、自己学等方式掌握所学内容。

"评"：当堂知识练习后的即时评价。教师将知识点以评价标准的方式呈现，方便学生在小组评、自评、互评等多种评价方式中，明确要求与目标，从而达到既能巩固所学内容，又能提升学生课堂参与度的良好效果。

"教"：教师针对学生学习过程中出现的问题及存在的困难，从方法、技巧、规律等方面进行思维的训练与引导，教会学生学习与思考，促进学生深度有效学习。

（4）践行深度课堂多元评价

我校基于学科单元学习的需要，从教学设计、教学能力和教学效果三方面，注重过程性评价与形成性评价相结合，多方面、多维度建立深度课堂的评价体系。

课前教学设计评价。课堂中对教学设计的评价，主要从教学目标与教学环节两方面进行。一是评价教学目标的制订是否全面、具体，是否明确体现在教学环节中，教学手段是否围绕实现目标服务；二是从教学结构是否严谨、教学环节衔接是否自然、时间分配是否合理等方面进行评价。

课中教学能力评价。从课堂目标的达成度、教学方法的有效度、教学内容的分层性、对学生的关注度以及课堂中学生动眼、动手、动脑、动笔等行为的落实情况等方面对课堂进行细致评价。

课堂教学效果评价。一是学生思维活跃,师生对话有序开展,课堂效率高;二是学生学习积极性高,课堂参与度广,作业设计合理;三是目标达成学生数量占多数,知识掌握、方法习得、情感培养达成较好。

高效课堂的建设并非自然生成,它需要教师与学生持续不断地合作。教师在课堂教学过程中,应注重持续性的过程评价,引导学生进行自我评价,实现对学生的持续性反馈。同时,教师可以组织学生建立成长档案袋,适时记录自己在课堂内外的进步与收获。家校合作可以实现教师、家长、学生三方评价,促进课堂内外的深度学习。

三、学校"1+4"特色课程体系建设

作为烟台市首届基础教育教研基地,第六小学坚持以习近平新时代中国特色社会主义思想为指导,全面贯彻党的教育方针,培养德智体美劳全面发展的社会主义建设者和接班人,扎实落实中共中央、国务院《关于深化教育教学改革全面提高义务教育质量的意见》,中共中央、国务院《深化新时代教育评价改革总体方案》,教育部《基础教育课程改革纲要(试行)》,山东省教育厅《山东省义务教育地方课程和学校课程实施纲要》,烟台市教育科学研究院《基于学科核心素养的学部课堂教学改革方案》等文件精神,以"三四三"育人目标为方向,以"润合"教育理念为基础,积极构建"1+4"特色课程体系,以课程的校本化建设为载体,提升学生核心素养,推动教师专业化成长,构建教育教学发展新生态,在深化教育教学改革、创新人才培养模式等方面发挥示范、引领和辐射作用。

(一)学校管理机制建设

1. 加强教育教学制度管理

以深度课堂教学为基础,结合教育教学改革工作,与时俱进,更新教学内容,深化教学改革,创新培养模式。重视特色课程的教学管理,健全

教学质量保障机制，以提高教育质量，增进办学效益，稳定教学秩序，改善办学条件，促进教育事业发展。

2. 加强教科研团队管理

以集团化办学为契机，加强校际教科研团队经验交流、资源共享，发挥教育合力，对各项活动的开展进行预测与规划、组织与指导、监督与协调，使有限的教育资源得到开发和合理配置。结合校内学科组特点，就研究内容、方式、时间、组织形式进行设计，发挥优秀教师的骨干引领作用。

3. 加强基地建设管理

以"一校一品"党建品牌为引领，强化机构建设保障，成立以校长为核心的学校教研基地建设领导小组。小组内分工明确、职责分明，树立全局意识、合作意识、服务意识、责任意识、榜样意识和超前意识，不断提升管理水平。建立相应的研究组织管理机构，制订或完善相关制度，整合研究力量，健全研究网络，形成机构合理、运行高效、成效明显的良好局面。

（二）特色课程体系构建

1. 以项目化方式推进课程实施，形成"1+4"润德慧育特色课程体系

第六小学以"三四三"育人目标为引领，从发展学生运动、阅读、科技、艺术4种能力为出发点，通过社团活动、学科融合等方式进行课程实施的项目化推进，形成以"润德慧育"为核心目标的"1+4"特色课程体系。"1"指以"聚焦发展，面向未来"为中心培养社会主义建设者和接班人；"4"指四大类课程体系，即"健体课程""悦读课程""启智课程""育美课程"，聚焦学生在运动健康素养、语言文化素养、科技创新素养和艺术审美素养4种关键素养上的发展。

2. 厘定特色课程实施目标，注重课程实施三重评价反馈

作为国家级信息化教学试验区试点学校，第六小学在厘定特色实施目标的基础上，充分利用信息手段量化评价标准：注重课程实施前的学情评价，如以调查问卷、访谈、座谈等方式实现对课程实施需求度、可行性的初步反馈；注重课程实施中的过程评价，通过多元化的评价主体（教师、学生及家长等多方参与）与多元化的评价形式（描述性评价、故事评价、个案评价等），实现对学生学习、教师建议的即时反馈；注重课程实施后的评价，即通过建立学生档案袋、成长记录等形式实现成果反馈。

3. 整合课程实施反馈，形成特色课程开发实施策略

第六小学坚持边实践边研究边反思，注重对课程实施过程、问题及经验的整合提炼，逐步形成具有本校特色的课程开发与实施策略。

（三）重点实施路径研究

1. 打造"1+4"慧育润德特色课程体系

第六小学以"三四三"育人目标为引领，以项目化理论与 STEAM 教育理念为指导，坚持发掘与传承相结合、创新与实践相结合、融合与提升相结合的原则，形成以"健体、悦读、启智、育美"为核心的特色课程框架。我校将现有资源用联系的、整体的观念进行联结和整合，促进资源的融合与重构，发挥课程的整体效应，形成整体性、模块式的课程体系。通过特色课程的开发，不断挖掘学生的潜能，激发每一个学生的闪光点，培植学生的个性特长，为发展学生素养提供路径。"1+4"润德慧育特色课程体系全面提升教育教学质量，有效促进学生的发展。

2. 构建"三四五"教师队伍矩阵

第六小学从完善教师教育体系、优化教师队伍管理、提升教师职业幸

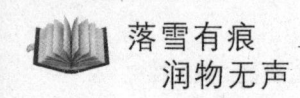

福感三大目标出发，制订组织保障、考核保障、制度保障、激励保障四大基础保障，提升教师教学实践素养、教育理论素养、学科教学素养、技术整合素养和教师专业意识素养"五位一体"式综合素养。以"大培训"意识为青年教师配备"双导师"，以"绣花功"塑造青年教师专业发展，形成教师职业规划发展"路线图"和教师课内外培训"双循环"体系，形成教师培养大格局。

3. 开展特色课程校级联盟教研

第六小学以名师工作室为引领，缔结校际联盟，以网络协作教研开展课题研讨、教学经验分享等活动，实现优势互补，为教师提供多元、便捷、可持续的专业发展空间环境，实现优质资源的整合与共享。第六小学教研基地的建设，形成了面向学生发展的特色品牌课程，为学校教育教学的高质量发展奠定了坚实基础。

第二节　语文单元拓展整合阅读教学实践探索

阅读是中小学教育教学的重要组成部分，也是促进学生全面发展的重要载体。随着全民阅读工作的全面展开，多种形式的校园阅读活动、阅读教学研究层出不穷。培养阅读习惯和能力是学校教育的核心使命，对阅读教学推进策略的研究具有重要意义。"十三五"期间第六小学承担了烟台市教育科学规划课题"中小学语文单元拓展整合阅读工程"专项课题研究任务。

单元拓展整合阅读是有别于传统单篇精讲的阅读教学模式，其资源开发的策略研究是指从学生的需求出发，基于单元主题所规定的目标与方向，有效借鉴教师和学生个性化的阅读经验，在有效的单元拓展整合阅读教学模式下适度探索，开发出能有效促进单元拓展整合阅读教学的课程资源，并总结出资源开发的有效途径。这种整合方式可以有效扩大学生的阅读量，提升阅读品质，其整合理念也符合新课程标准的要求，符合课程改革的前进方向。与此同时，部编教材"双线组元"的特点，要求我们在单元拓展整合的教学实践以及资源开发中同时兼顾"语文要素"和"人文主题"，单元拓展整合阅读教学模式仍需深入研究。

一、小学语文单元拓展整合文本资源开发策略

阅读能力在世界范围内受到广泛关注，引起各国高度重视。20 世纪

初，欧美新教育运动最早提出了单元教学，以教学的"整体化"和"兴趣中心"为原则，主张先定单元题目，然后根据单元题目组织教学内容。随后，美国学者杜威、莫礼生，苏联教育家凯洛夫都提出了与单元教学有关的模式，这些构成了单元教学的雏形。在我国，单元教学理念的提出是在1922年。梁启超先生在《中学以上作文教学法》中认为，教学应该从需求出发，主张采用分组选文。20世纪30年代，语文单元教学的思路渗透到语文教材中。新一轮教育部统编教材引领新一轮教改，着力推进"用教材教"，拓展整合阅读资源的开发策略亟待深化。统编教材"关注学生语言实践，提升语文核心素养"，充分重视个体体验，通过与多个文本的碰撞交融，在学生个体的生成理解中，实现课程单元意义建构，拓宽学生的视野；"1+X"拓展阅读，不仅通过教一篇课文，开发出多篇阅读资源，更要以单元主题为中心，将一个单元拓展开发的阅读资源进行再整合提炼，提升学生的语文核心素养。

鉴于上述研究背景，第六小学秉承20世纪90年代烟台市"大量读写，双轨运行"的教学框架，持续在内涵上求发展，丰富和完善课程体系，在阅读教学中渗透"立德树人"德育目标。通过小学中高年级单元拓展整合阅读模式研究，开发阅读资源，提炼策略，有针对性、有计划地培养学生的语文核心素养，打造"和谐高效，思维对话"的课堂。

下面，笔者将从单元拓展整合阅读的理论依据、实施原则与基本流程、文本系统分析等方面简述学校实践策略。

（一）理论为基，奠定研究基础

研究探索之初，第六小学先行组织学校骨干教师研究学习相关理论，精心营造浓郁的学术氛围，为研究奠定坚实的理论基础。

1. 建构主义学习理论助力阅读教学模式探索

学习是学生从经验出发，生长（建构）起新的经验，即对同一内容的主题学习要依据教学目的不同分别着眼于问题的不同侧面。学生可以形成对概念的多角度理解，并与具体情境联系起来。这就使得我们必须从狭隘的阅读观念中跳出来，通过拓展整合紧密联系课程的阅读活动，注重阅读资源开发策略，创新综合立体的阅读教学模式。

2. 以《义务教育语文课程标准》为依托，明确阅读教学发展方向

《义务教育语文课程标准》（2022年版）提出，小学五、六年级应"扩展阅读面，课外阅读总量不少于100万字"，要让学生具有独立阅读的能力，丰富自己的情感体验，形成良好的语感。单元拓展整合阅读要让学生享受阅读乐趣，培养浓厚的阅读兴趣，养成良好的读书求知习惯，力图贴合单元阅读教学内容，拓展整合开发阅读资源，真正让阅读为学生终身发展服务。

3. 系统论思想保障阅读教学有序进行

"整体感知、变序讲读、加大阅读量"就是从语文知识系统论的观点出发，自始至终地把阅读教学的整体——可以是一整篇课文，可以是一个单元的内容，也可以是整套教材——作为整合的对象进行系统拓展研究，将开发的阅读资源再进行拓展整合提炼策略。

（二）原则为本，明确基本流程

阅读教学过程中，要求教师在组织课内外阅读整合时，注重整合的计划性、增效性与容量度，注重资源的重组性、知识的匹配度，依据基本流程进行课内外整合，在一定的教学容量内发挥最大的作用。

1. 关注课内外阅读整合的计划性

课内外阅读整合教学首先要修缮课前计划，包括选择整合主题、规划教学内容、设计课堂流程、安排教学时间及实施课后评价等。明确课内外整合的教学目标，梳理阅读整合课型的基本框架，根据教学任务、进度安排和学情，明确各个环节的教学过程。其次明确整合的数量，适度精简，选择契合教学主题的文本。最后根据实际整合情况，制订详细的教学计

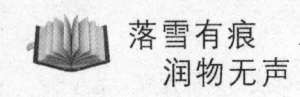

划，注意在实施教学的过程中贯穿整合思维，切忌让课内外整合成为单篇教学的无效叠加。

2. 关注课内外阅读资源的重组性

教师串联阅读知识，实现优化的阅读教学目标。首先，要熟练把握课本内各层级的阅读要求及知识结构，大致了解相似知识或者互补知识，根据脉络梳理、串联阅读知识点。其次，着力对阅读要求的能力点进行突破，积极开拓课外资料，重组知识，力求课外与课内知识点形成呼应，实现课内外知识的整合。教师在课内外阅读资源重组时，可以结合多媒体技术，采取多种新颖的教学方式灵活地将知识点授予学生。此外，语文教师还必须对《义务教育语文课程标准》（2022年版）有足够的认识，深刻理解其中内涵，在课内外教学整合的过程中，贯彻落实课标要求。

3. 关注课内外阅读整合的增效性

对于语文阅读中较为抽象、不易记忆、很难理解但又有所关联的知识点，可以集中成一个大的模块单元，通过整合式集中教学，提高学习效率，减轻学习负担。课内外整合的增效性就在于保证学生对较高程度或较易混淆知识点的掌握，降低难度，确保学生学习知识的有效性。创新课内外整合，分析有联系的多个文本中的人物或一个大文本中的多个有关联的人物，依据人物关系和事件线索进行整合，让学生学会全面分析人物的方法，以此培养学生从多方面看待事物、思考问题的能力，实现从语文课堂走向生活课堂。

4. 关注课内外知识类型的匹配度

课内外的匹配包括陈述性知识的匹配、程序性知识的匹配和策略性知识的匹配。首先是陈述性知识的匹配，陈述性知识包括语法知识、词汇知识、文学常识等，属于学生在第一阶段获取的知识。其次是程序性知识的匹配，这一类型知识就需要在陈述性知识的基础上，通过应用规划的变式练习来获得。最后是策略性知识的匹配，策略性知识是一种关于"如何思维"的知识，更多地指向最终目标——核心语文素养的形成。这类知识是在潜移默化中构建的，仅凭教材阅读是难以实现的，这就需要教师把教学眼光放得更长远，要致力于学生阅读思维能力的培养。

5. 关注课内外阅读整合的容量度

《义务教育语文课程标准》（2022年版）中明确规定"背诵优秀诗文60篇（段）""课外阅读总量不少于100万字"，这要求我们不仅要让学生多读书，增加阅读量，还要依据学情来定，不磨灭他们的课外阅读兴趣，减轻阅读负担。教师基于学情，明确整合的容量度，根据学生的接受程度来确定整合的容量。如果文本体裁短小，教师可以加大课外阅读数量，在保证阅读整合有效性的基础上增加课堂容量。反之，如果文本篇幅较长，教师在课内外整合时就需要对材料进行必要的删减或提炼，力求突出重点。

在把握上述原则的基础上，也应分析单元拓展整合文本系统。顾黄初先生曾说："范文的选编在内容和形式上有'四性'要求：思想性、时代性、典范性、可接受性。"温儒敏主编曾指出，统编版教材的选文标准是经典性、适宜教学、文质兼美、兼顾时代性。依据这4个标准，编写专家对人教版教材中的课文进行了删减，不过课文数量的减少并不等同于教学内容的减少，而是把阅读教学穿插在别的板块。此外，阅读选文希望能够把课堂阅读延伸出去，给予学生更多的时间去自主阅读。

接下来，便是梳理单元拓展整合的基本流程，通过对课内外阅读资源整合的方法分析，笔者概括出如下的四步流程法，旨在为阅读整合课提供思路，方便整合教学，甚至于让初次接触阅读课内外整合的新教师不再无从下手。

一是聚焦知识，明确整合。明确整合知识点是课内外阅读整合过程的第一步。确定阅读整合知识点并不能完全依靠教师想法，必须在符合语文课程标准的基础上，尽力达到课程标准的能力要求或素养要求。因此，明确哪类知识点的整合就显得至关重要。其次，恰当的阅读知识点整合对于构建阅读框架体系、完善知识结构有着相当重要的作用。我们可以在聚焦

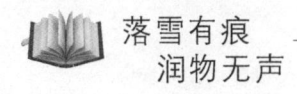

语文课程标准的前提下，通过挖掘知识间的潜在联系来确定课内外阅读整合的知识点。

二是重组文本，优化整合。"语文阅读领域知识间的联系是广泛的、普遍的，这种联系可以是纵向的、横向的、网络的联系，也可以是逻辑联系、辩证联系、因果联系、结构联系、功能和结构联系、现象与本质联系、内容联系、形式联系、发展与变化联系等。"语文阅读存在相对完整的知识链，随着学生认知水平的发展，知识链也在不断向上延伸，众多不同的知识链又会组成知识体系，丰富学生的思维。针对这种情况，教师需要打破教材界限，整合单元内的知识、整合跨单元和跨年级的知识，挖掘适合整合的教学文本，拓宽知识链。此外，我们在教学过程中，也要重视发挥学生的作用，共同优化整合课堂。

三是具体实施，落实整合。首先，以熟悉的内容为起点，在整合目标和整合内容确定的前提下，教师可以根据整合文本选择适合教学的整合方法，创设更有活力的课堂，实现教学的最优化整合。其次，以简单的内容为起点，整合相似的知识点或技能，挖掘内在联系进行整合，寻求阅读课堂的最优化。再次，以协同合作为方式，开展教师与教师的协作、学生与学生的协作、教师与学生的协作。此外，教师也可以用多媒体技术创设情境，辅助学生理解，培养学生对阅读课的兴趣。有方向、有指导、有参与，这才是课内外整合阅读教学该有的姿态。

四是教学反馈，反思整合。教学反馈是课堂必不可少的一个环节，在进行课内外整合阅读的课堂教学后，教师一定要根据课堂教学的实际情况、学生的接受情况，以及学生的交流反馈，对整合教学做出反思。这种必要的教学反思会使教师吸取经验，思考该整合的优劣性，促进下一次的整合教学。如果教师只是为了完成整合任务，课堂结束便不再思考，那么即使有再多的课型，也无法达到更好的整合效果。

新课程改革以来，阅读教学不仅仅局限在课内阅读，而是把目光投入广泛的课外阅读中。统编教材为阅读教学课内外整合提供了范本，同时对教师提出了更高的整合要求。教师需要响应课标的号召，贯通课内与课外，使语文阅读课堂更加丰富多彩。

二、小学语文单元拓展整合阅读教学实施路径

在教学过程中，应该在确立单元多维度拓展方向的同时，根据拓展后学生的学习情况，将课内外课程资源加以整合，重新调整或重组教材内容，使其融合为一个更有意义的教学单元，旨在建立起让语文要素和人文主题双线并行（即工具性和人文性的统一）、稳定而高效的教学活动操作范式。

（一）根据共性归类，关注语言建构与运用

可按主题、文体进行归类。在主题归类方面，以部编教材五年级上册第四单元为例，该单元以"爱国情怀"为主题，编排了精读课文《古诗三首》《少年中国说（节选）》《圆明园的毁灭》和略读课文《小岛》。教师可以充分利用单元内课文主题相同的独特资源，以统领的方式，将单元文本视为一个有机整体，为达成单元教学的目标助力。部编版四年级上册第四单元是一个神话单元，由《盘古开天地》《精卫填海》《普罗米修斯》《女娲补天》构成。我们从单元主题出发，将整个单元设计为5个步骤：

单元导读课——走进神话故事：紧扣内容，大体理解神话文本的故事情节，旨在引导学生初步了解单元的整体内容，处理生字词，消除阅读障碍，了解神话基本内容；

精读引领课——走近神话人物：以《盘古开天地》为学法引导，紧扣文体，感受神话的特点，以满足学生对神话人物的崇拜之情；

以文带文课——复述神话故事：以《普罗米修斯》带《女娲补天》，落实单元语文要素——复述，以课后习题为抓手，引导学生讲述神话故事；

群文阅读课——拓展《大禹治水》《女娲造人》《神农尝百草》等文

69

本资料，指导学生在阅读中进一步掌握通过起因、经过和结果把握故事主要内容的方法，体会鲜明的神话人物形象；

习作指导课——启发学生想象，创编神话故事，锻炼思维和语言建构能力。

（二）根据个性辨析，促进思维发展与提升

可按同一文体不同风格进行分类。部编教材五年级上册第五单元是习作单元，学校在依托教材的基础上采取了"拓—整—用"的设计思路，有针对性地为学生整理了《有趣的草地》《章鱼》《微缩图书》等十几篇不同题材的说明性文章，让学生广阅读、厚根基、多比较、细凝练，了解不同说明文的表达特点，深入了解辨析如何用说明方法介绍不同事物的特点，在阅读、思辨、筛选、梳理的过程中，促进思维的发展。

（三）根据拓展串联，深入体味审美情趣

拓展串联可分为串联作者主线、串联故事主线。在串联作者主线方面，部编教材四年级下册第三单元是一组经典的现代诗歌，本单元的语文要素也指出：初步了解现代诗的一些特点，体会诗歌表达的情感。在单元拓展整合策略下，教师将单元中的现代诗歌进行整合教学，整体感受现代诗歌的文体特点，体会诗人抒发情感的策略。

（四）根据整合探究，传承与发展文化

部编教材三年级下册第三单元以传统文化为主题，从传统节日、古代发明、建筑、绘画等方面凸显传统文化。本单元的教学，首先通过精读引领课《赵州桥》，以文带文课《纸的发明》《我爱你，中国的汉字》，群文阅读课《一幅名扬中外的画》《捏面人》这几种课型重点突破单元的语文要素；其次，将本单元的内容进行最后的整合，结合单元整理课和"综合性学习"实践活动课，对本单元搜集整理传统文化资料的目标进行落实，

将课内的知识探索延伸到课外，由知识拓展到实践，让学生切身感受到中华文化的博大精深。

任何一篇文本既有类别归属下的共性特征，又必然存在着其"这一个"的独特价值。单元整合策略不能仅仅停留在"归类"层面的共性探寻上，更要在整合中利用单元提供的对比素材，让学生在洞察和辨析的思维历程中，把握单篇文本表达的特质，为学生构建多元化的表达融通体系奠基。整合的意义不仅在于加深理解、强化感受，更在于启发学生思维，为学生的课外阅读学习提供方法指导。主要从语言建构与运用、思维发展与创新、审美鉴赏与创造三方面引导学生从作品语言、表现形象、情感表达、写作风格等方面对一组文本进行审美鉴赏，并在此过程中提高审美情趣。

第六小学高度重视语文大量读写双轨教学，探究单元整体教学模式。教师们从备课到上课都坚持单元整体教学，立足小学语文单元视角探索拓展整合案例。部分教师在市级等区域内进行了单元整体教学课堂展示，取得了一定的成效。

三、小学语文单元拓展整合阅读教学实践成果

第六小学秉承"润合"教育理念，让学生在潜移默化的学习中，滋养心灵，丰盈生命。在"润合"教育理念的指引下，教学团队以"深度学习观"为引领，进行了学科单元整合拓展教学，取得了阶段性成果，主要体现在以下5个方面。

（一）关注学生成长，促成高阶思维

单元拓展整合文本资源最重要的价值体现在其育人价值上，简单来说就是对学生的成长有重要意义。首先，单元拓展整合文本能促进学生阅读素养的提升。单元拓展整合文本旨在通过某一议题引导学生进入一个由多个文本组成的小天地，学生在里面思考文本与文本之间的内在联系，通过

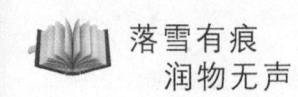

对比和整合形成自己对于文本内容的理解和认识。在这一阅读过程中,学生的阅读习惯得到巩固、阅读兴趣被激发、阅读速度明显提高、阅读量显著增加。最终,学生在阅读中学会阅读,学会发挥自主性,阅读素养也在潜移默化中不断生成。

其次,单元拓展整合文本还有助于提升学生系统化思维、创新性思维、批判性思维等高阶思维能力。单元拓展整合阅读的特征决定学生在阅读过程中要将多篇文本的内容进行整合,找出文本之间的联系,从而进行系统化的思考。在这样的过程中,学生的系统化思维逐渐养成。与此同时,由于多文本所构成的复杂阅读情境提供了更多思考的方向和可能,学生能够跳出单一文本的局限,思考文本之间更多的联系,即使是对同一个问题也能用不同的视角和思维方式给予不同的解决办法。在这一思考和探究的过程中,创造性思维和批判性思维的形成和提升也就有了更多的机会。

大量阅读形成了课堂课外一体化阅读,让阅读切实扎根课堂,扎根学生生活,全面提升了学生核心素养。学生在经典诵读、诗歌会、朗诵比赛等相关活动中,展示了浓厚的文学素养。另一方面,我校学生也在烟台市"知史爱党·知史爱国""抗击疫情,使命有我"等主题征文比赛中崭露头角,斩获佳绩。多篇佳作在《齐鲁晚报》《今晨六点》等媒体上刊发,以赛促学、以文润心,大大提升了学生的自信,提升了学生的审美能力和人文素养。

(二)研究引领,明确教学目的

单元拓展整合文本恰好能解决阅读教学中阅读情境创设、阅读目的明确等问题。阅读一般来说有 3 种目的:一是为获得文学知识和体验而阅读,二是为获取信息而阅读,三是为完成特定任务而阅读。研究是群文阅读的眼睛,它选取的往往是文本中蕴含的具备可讨论性的话题,是人们对单元拓展整合文本进行深入探讨时的关键线索和核心。研究贯穿文本始终，引导读者对文本进行针对性阅读。围绕研究开展单元拓展整合文本资源开发与利用，这样的阅读教学才有了明确的目标指向，据此可以选择相应的教学内容和教学方法。此外，与单篇教学更多关注学生对文本的识记、理解和运用不同，单元拓展整合文本几乎很少关注语文基本知识的识记环节，更多着眼于分析、综合评价环节。基于以上特点，单元拓展整合文本教学思想可以帮助教师在进行单元教学设计时，充分运用研究在明确教学目的上的优势，选取合适的文本内容和教学方式，重点关注学生基本能力的培养，从而落实语文学科的核心素养。

第六小学通过对单元拓展整合阅读资源开发策略的研究，打开了阅读资源的开发路径，为单元拓展整合阅读工程的顺利开展奠定了坚实的基础，也为我校阅读教学改革进行了大胆尝试。

（三）推动专业成长，提升教师教科研能力

单元拓展阅读教学模式的推广，给予教师开发的空间，将教师的常态教学与新一轮教学改革有机融合，有效推动大语文课堂的构建，促进教育教学方式方法的转变。通过对同一主题的拓展，加强对单元教学的整合，灵活地处理单元内各个板块的内容；加强对比阅读，体会不同文体的表达效果；加强语言积累，提升学生的表达质量，实现多维系统、综合立体的阅读课程教学。单元拓展整合阅读教学需要教师在把握教材的单元特点之后，有针对性地进行知识拓展，开发出适合学生学习的教学资源，这本身就是建立在知识迁移理论基础上的，极大地丰富了教师的知识迁移理论。

第六小学通过开展单元拓展整合教学，推动了教师的课堂教学改革，促进了教学方式的转变，促使教师在教学研究中关注到学生学习中的问题和对教学资源的需求，从而推动教师进行课堂教学的整体改革，转变了教师的固化思维和教学策略，将以往传授知识型"碎片化"教学转变为提高素质型"整体性"教学。深度学习下的单元整体教学使教师们拥有了让学生核心素养落地的力量，让真实学习在课堂中真正发生。

第六小学以单元拓展整合研究为载体,为青年教师教学提升发展创造条件,为造就一支有理想信念、有道德情操、有扎实学识、有仁爱之心的高素质、专业化的教师队伍提供了路径,为学校教育教学水平提升奠定了基石。近些年来,多名教师在教学竞赛中崭露头角,点燃了青年教师更新教育理念和掌握现代教学方法的热情,为教师改进教学打开新思路、提供新方法,使自身的专业化水平得以提高。不少教师获评区级、市级"教坛新秀""学科带头人""名师",获得烟台市优质课、烟台市小学语文在线优质课程资源(微课)、省电教课、省"一师一优课"等;同时,相继就单元拓展阅读研究在各类期刊上发表论文,取得丰硕的理论成果。

(四)文本多元,构建立体教学内容

一直以来,我们的语文课堂都是单篇教学模式,教师将一篇篇文章肢解,直接将作者的观点灌输给学生。这种教学割裂了知识的结构、背景和内在逻辑。即使有教师具备探索单元教学的精神,教学过程中也会有意识地将所讲课文与之前学过的课文、本单元其他课文、单元导读以及课后阅读链接等进行关联,但由于对单元内容之间的深层次关联理解不到位,没有突破教材原有编排,单元组合的方式还是略显单一。

单元拓展整合强调多文本的整体性阅读,文本的选择对于实现教学目标、保障教学效果至关重要。从内涵上看,单元拓展整合本身就是多元化的代名词。一方面,文本的选择是多元化的。文本可以是文本性材料,也可以是图像、影像等视听材料;可以是文学性的,也可以是实用性的。所选文本紧扣研究,对研究的讨论可以是多角度的。因此同一研究下的文本可以是同一体裁的不同内容,也可以是主题不同但题材相同的内容。总之,文本选择多元异质,拥有远超于单篇文本内涵单薄、解读角度单一的优势。另一方面,文本的组合方式是多元的。文本间如果具备某种关联,不论是相同点还是不同点,只要围绕研究课题就可以将它们进行创造性的组合。不同文体、不同题材文本的组合可以为学生创造出更宽广的阅读视野。因此，在单元设计中，单元拓展整合可以指导教师大胆创新地进行文本的选择和组合。只要是围绕研究目的和教学目标、符合学生需求的，教师就可以针对教材内的文本进行加工、重构，构建能多视角解读、具备多种组合形式的立体教学内容。

总之，无论是内涵特征、价值意义，还是背后蕴含的教学理念，无不向我们展示着单元拓展整合强大的生命力。它并非一种简单的教学模式和教学思路，而是包含着文本构建、教学设计、教学实施的一整套教学思想。它在教学目的的确定、教学内容构建、教学情境创设等方面都可以为单元教学设计提供借鉴的价值和思路。同时，它也有力地推动了教师专业成长，提高了教师挖掘教材和把握文本的能力，加快了课堂教学转型升级。

（五）整合智慧成果，编写校本丛书

小学语文中高年级单元拓展整合阅读资源开发研究，重点是在阅读教学实践中通过对单元拓展教学材料及资源的有效整合研究，探究建立有效的资源开发整合方向与策略，目标是形成实用性的单元拓展整合阅读校本课程。目前，第六小学已编辑完成小学语文中高年级校本教材《单元拓展整合阅读丛书》，积累了多个单元拓展整合阅读教学案例及反思，整理了教师的实验教学课堂实录，编写了《单元拓展整合阅读教学案例》。在以后的教学实践中，我们将继续使用本套资源进行教学，并不断修改完善。

小学语文中高年级单元拓展整合文本资源开发策略研究，基于统编教材"关注学生语言实践，提升语文核心素养"的阅读教学要求，致力于解决资源开发种类单一、途径随意、内容零散化、利用低效化等问题。在"广拓展，精取舍"的思路下，为中高年级每个主题单元建立配套的、成体系的资源库（包括与单元主题配套的阅读资料和各种电子资源），辅助教师根据教学需要突出整合重点，提高阅读质量，让"大语文"走进"小课堂"。

借助于阅读教学的课内外整合，我们可以有效扩大课堂容量，为学生

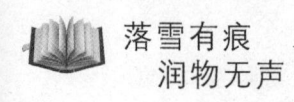

提供更多有益的学习资源,将学生的语文学习时空从狭窄的课本学习拓向更广阔的学习天地。课内外结合的阅读,使学生的语言文字学习和文化学习不局限在教材之内,而是立足于教材所进行的有意义的文本建构式阅读。这种阅读可以有效地提高学生分析文本的能力,给予学生更多的学习知识的机会。

众所周知,语文学科不同于其他学科,语文肩负着一个重要的教育责任——语文素养。这种素养不仅仅是一种简单的知识或者能力,它更多地强调综合性。要想形成这种素养体系,单靠教材知识是远远不够的,这就需要我们教师把目光放向课外,拓展学生的学习,构建课内外联动的阅读体系,为学生阅读能力的发展奠定基础。语文课内外阅读的整合一直是教育专家所关注的热点,它对于提高学生阅读水平、提升教师教学技能有非常重要的作用,这种课内外的整合是充满价值的。

第三节　益智教学路径研究助推数学核心素养发展

数学核心素养，是指具有数学基本特征的、适应个人终身发展和社会发展需要的人的思维品质与关键能力，数学思维是数学核心素养的重要组成部分。第六小学通过创新课堂提问方式、开发益智器具课程、营造益智文化环境等方式，培养学生数学思维，促进学生思维的发展与提升。

一、创新课堂提问，提升思维品质

党的二十大报告明确提出"人才是第一资源，创新是第一动力"，创新能力的提升离不开思维能力的培养。美国教学法专家认为，提问是教师促进学生思维的基本手段。课堂提问是课堂教学的重要手段之一，能开启学生的心智，增强学生的主动参与意识，提升课堂教学的成效。而科学有效的提问，更可以激发学生主动思考，探究发现数学问题的本质，从而提高思维水平。课堂上适时追问，可以进一步促进学生的深度思考，促进学生的可持续发展，让数学核心素养落地生根。因此，学校一直致力于创新课堂提问，提升学生思维品质的研究。

通过前期调查发现，当前小学数学课堂提问的方式、问题的设计及对答案的评价存在一些不足，主要表现在：①频发式提问，有效问题不多，导致学生思维被动；②闪电式提问，提问后马上让学生回答，学生不能对信息充分处理、加工以及同化；③牵引式提问，教师为了赶进度，不关注

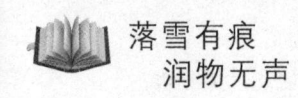

学生的认知起点；④无疑式提问，就是指修辞中的设问、反问，也就是自带答案的一种提问，这种习惯性的提问不会触发学生思维的触角，也不能引发学生深度思考；⑤缺乏追问，教师不能在学生的思维点上进行有效追问，学生的思考不能向更深层次发展；⑥交互反馈，也就是教师对学生给出的答案不能及时地做出合理的评价，或者评价过于单一。

由此，我们着重做了以下两方面的研究：

一方面在动态课堂教学中，着力探究动态课堂中的有效追问。在动态的数学课堂教学过程中，需要教师根据答问、讨论等学习活动的情况，在学生的思维生长点上进行有效追问，对学生思维行为做出及时的指导、点拨，从而让学生的思维保持连续、逐层深入。通过研究，引导学生主动进行以问题解决为最终目的的高阶思维活动，促进学生深度思考，以全方位实现预期的教学目标。

建立教师有效提问作用评价体系。根据教学问题设计、教师课堂提问时机及指向、学生反馈效果等诸多因素，制订标准化的有效提问评价量表，并在教学教研中不断完善，力求形成全面化、规范化、系统化的有效提问评价体系，有效指导教学实践。

建立学生深度思维发展评价体系。通过对学生知识的掌握、理解和运用的反馈进行量化分析，对学生的学习参与、语言表达、思维发展、知识迁移等方面的层级提升进行量化，力求全面化、规范化、系统化地反馈学生思维的发展，有效指导行动反思。

另一方面，借助益智器具点亮学生的思维之花，益智课堂教学以"问"促"思"，提高学生的问题意识，培养学生的创新意识、创造能力。以思维训练的6个目标为着眼点，实际操作中以"六动""六会"为关键点，激发学生的原创思维；教师在教学过程中关注学生思维的变化，体现"过程比结果更重要、智慧比知识更重要"的教育理念。

《礼记·学记》记载："善问者，如攻坚木，先其易者，后其节目。"课堂提问是数学课堂必不可少的一个重要环节，可以激活学生的思维，促进课堂教学效果的提升。因此，在小学数学教学过程中，教师要创新课堂提问，精心设计问题，抓住课堂提问的时机，恰到好处地提出问题，以达到提升学生思维品质的教学效果。

二、立足益智课堂，发展思维素养

发展思维素养，对促进学生全面发展具有重要意义。培养学生思维能力，已成为教育的重要使命。数学益智课堂有其优势和鲜明特点，它以学生充分的动手操作为依托，以真实、有趣的问题困境为起点，以益智器具为载体，通过多样性的探究活动，让学生积累思维经验，掌握思维技能，提升思维品质，也是发展学生数学核心素养的途径之一。

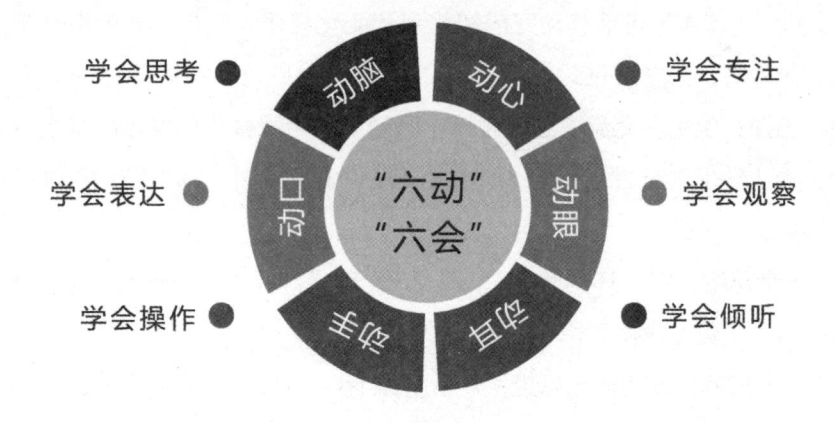

（"六动""六会"益智课堂教学模式）

我们通过理论学习与反思，以及对教学案例的积累与分析，探索益智课堂教学模式，开发益智思维课程，编写校本教材，形成系统化、立体化的教育教学益智课程体系。

（一）打造"1+3+1+1"益智教学模式

所谓"1+3+1+1"，即"1个了解"——了解器具的组成、结构、文化背景和历史渊源；"3个探究"——介绍规则学生尝试初探，遇到阻力教师引导再探，思维碰撞学生进行深探；"1个总结"——总结规律，提炼数学思维；"1个拓展"——拓展延伸，深化思维。

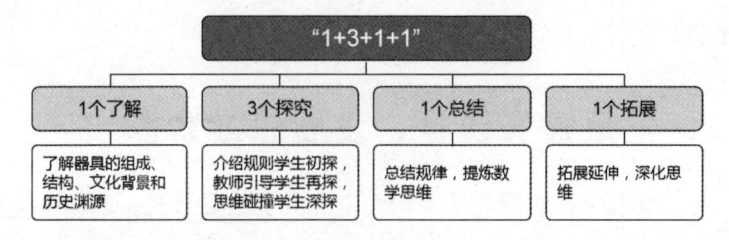

```
                    "1+3+1+1"
        ┌──────┬──────────┬──────┐
     1个了解   3个探究   1个总结   1个拓展
     了解器具的组成、 介绍规则学生初探、 总结规律，提炼数 拓展延伸，深化思
     结构、文化背景和 教师引导学生再探、 学思维           维
     历史渊源       思维碰撞学生深探
```

如巧推系列——《汉诺塔》一课：

1个了解："汉诺塔"的组成、结构、文化背景和历史渊源。

3个探究：一探：根据汉诺塔的规则让学生尝试初探。直接尝试移动8个圆环，根本不可能移动完成和找到其变化规律。二探：教师引导学生先化繁为简，循序渐进。探究一、二环的最少步数，渗透优化的数学思想。三探：学生在交流中思维碰撞，明确第一环的移动位置影响步数的多少，再让学生进行深探。在深探的过程中利用倒推法锻炼学生的逻辑思维。

1个总结：第一环的移动规律：单数环→目标柱；双数环→过渡柱。根据最少步数的规律提炼递归的数学思维。

1个拓展：渗透转化思想，让学生课下自己研究3个柱子之间的转换，深化思维。

借助"1+3+1+1"的益智课堂教学模式，我们提炼出益智课堂的提问原则及4类益智器具的提问策略：

（1）提问原则

①自主性原则。以学生的自主提问代替教师的主导提问，激发学生的自主探究意识，减少教师在学生探究过程中的过度干预。

②启发性原则。教师提供帮助时，尽量采用"暗示性"诱导，触及学生的思维最近发展区。

③层次性原则。"阶梯式"引导，设计一些"子问题"做铺垫，以降

低思维难度。

（2）提问策略——巧解类

①启发学生寻找解决问题的突破口，找准问题的矛盾点。

②问题设计"点到为止"，保护学生思维的自我发展。

③通过连续发问，启发学生利用数学思想解题。

（3）提问策略——巧推类

①强调思考路径的清晰性和有序性。

②按照一定的顺序进行统筹规划，优化思考步骤。

（4）提问策略——巧拼类

①抓住几何特征，注意器具本身部分与整体间的关系。

②提问要引导学生化繁为简、分解步骤、分步实施。

（5）提问策略——巧放类

①引导学生观察器具的几何特点。

②启发学生如何节省空间、优化布局。

（二）开发"4巧"益智器具课程

我们遵循学生思维发展规律，深挖益智器具中蕴含的思维训练点、学科知识和人文因素，探究益智器具操作与思维素养培养的契合点，开发"4巧"益智器具校本课程。课程涵盖巧拼、巧放、巧解、巧推4个系列，通过创设典型的问题初始情境，以游戏化的教学形式为学生带来充分的操作体验，并引导其在自主探究点、合作学习、体验反思中提升思维能力，发展思维素养。

巧拼类课程根据学校学生的实际情况，本着"激发学生兴趣、器具简单易操作"的原则，收录了火柴谜题、四巧板、七巧板和魔尺4种器具，适合低、中、高年级不同学段的学生，简单易学，却又充满了无限可能，深受学生们的喜爱。

4种器具的组件形态虽有差异，但却有着显著的共同特征——线、

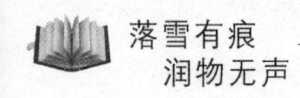

面、体等空间几何特性丰富多样，意在开发学生对空间对象（或图形）特性及其结构关系的感受力、理解力、表现力和视觉辨别能力。通过位移、旋转、组合或再造等在头脑中建立起关于空间对象的准确表象的能力，以及形象联想和构想新形象的能力，为学生空间认知能力的发展提供了具体有力的抓手。

巧放类课程是中国教科院教育科技研发中心自主研发的游戏，全部由榉木制作，收录了巧放方形、巧放圆形、巧放四块3种器具。

巧放方形：盒中正方形木框里有1个直角梯形木块、2个三角形木块、1个四边形木块和1个五边形木块，木框外有1个正方形小木块。在正方形木框里5块的基础上，添加1个小正方形，即共有6块放入正方形托盘里，不能重叠、交叉，将小正方形和托盘里的5块木块全部放在托盘里，拼成1个新的正方形。

巧放圆形：盒中有3个梯形木块、2个三角形木块和1个圆形木块。在摆放的时候，要把全部木块放入盒中方框内，不得重叠、交叉。

巧放四块是由2个大L形木块、1个小L形木块、1个长方体和1个盒子组成。游戏规则是把4块积木巧妙地放回盒子里，并且能盖上盖子。

鲜艳的色彩能刺激学生的视觉，拼搭的过程能锻炼手部技能，更可综合提升学生的智力。学生通过观察、尝试、验证等活动，可以培养勇于探索的精神以及了解探究问题的常用策略，提高实践能力。同时，学生可以打破思维定式，突破常规思维的束缚，改变思维方向，增强思维的灵活性，培养创新思维。

巧解类课程的研究，能够对学生的思维能力进行开发和培养，如创新思维能力、逆向思维能力、几何空间思维能力、推理思维能力、逻辑思维能力等。"解"即动手拆分和用脑破解，"巧解"意味着这类难题的破解不仅需要手巧，更需要在看似无解或难解的情况下，循着器具给定的直观线索，开动脑筋、寻找窍门，巧妙地破解难题。巧解系列在益智游戏中以绳类、环类器具居多，初阶模块主要涉及"魔术针""捆仙绳""巧解双

M环""虫吃苹果""兄弟连""单槽立柱""双槽立柱""困鼠梯环""九连环"9款。这9款器具以其巧妙的方式构成了一个个有趣的待解难题——问题情境。这些难题的破解,涉及复杂多样的心理过程,如直觉顿悟思维、整体观察、手—眼—心的灵活配合与协调等。以游戏化的方式展开相应的训练教学,可以对学生综合智力的提升产生积极的效果。

"M环"是巧环类器具中的一种。巧环又称"连环""智力环",是我国民间经典益智游戏之一。称其为"连环"主要是从这类器具的结构着眼,因为它们多由形态各异的环嵌套组合而成;称其为"智力环",主要强调这类器具对破解者智慧的诱惑和挑战。表面上看来是无法分解的,但是只要掌握了一定的方法,按照一定程序反复操作,就能使其中的框柄或某个圆环解套出来,然后又用相反的步骤套进去。

"困鼠梯环"属于解绳类器具的一种,其神奇之处在于解开方法的巧妙性和规律性。学生在解绳时要动脑思考发现其中的规律,在解绳的过程中学生的空间观察能力、动手操作能力、逻辑思维能力都有了很大的提高。解救出小老鼠和把小老鼠放回原来的位置不仅需要较高的思维,还需要耐心和良好的心理素质。

"九连环"属于巧解类的益智器具,九环相连,环环相扣,趣味无穷。学生在探究时需要将有序思维、分析判断和逻辑推理有机结合。这个探究过程可以提高学生操作与观察、思考和表达的能力,积淀学习智慧,培养以退为进的精神,使学生热爱思考,为弘扬传统文化做出努力。

巧推类课程共收录"智取王位""汉诺塔""华容道""黑白棋""数独"5类器具,其解法依赖于准确预判和逻辑推演,还需要应对情境变化时的明智选择、"走一步,看几步"的全局谋划。巧推益智玩具背后都蕴含着数学知识,如算法、位序、空间、图论、逻辑推理、排列组合、统计学、运筹学等等。学生通过探索巧推类益智玩具的玩法,研讨玩法所蕴含的规律,从而对数学思想方法进行迁移。巧推类课程可以激发学生的学习兴趣,引发数学思考,打破思维定式,纠正思维误区,提升直觉思维能

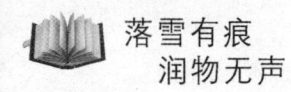

力，掌握思维方法，使每个孩子都成为灵活的思考者。

（三）研发益智课堂校本教材

在益智器具课程的开发与实践中，学校不断更新课程设计，最终形成了符合学生接受能力、形式更加多样的益智校本教材。

以下是校本教材《汉诺塔活动手册》中的部分内容：

1. 课程说明

"汉诺塔"是一款非常有意思的益智器具，它蕴含了"优化""倒推""转化""递归"等重要数学思想，既能锻炼学生的手眼协调能力，也能锻炼学生的专注力及思维能力。

2. 课时安排：2课时

3. 器具介绍

"汉诺塔"，又称河内塔，是源于印度一个古老传说的益智玩具。法国数学家爱德华·卢卡斯曾编写过一个印度的古老传说：在世界中心贝拿勒斯（在印度北部）的圣庙里，1块黄铜板上插着3根宝石针。梵天在创造世界的时候，在其中一根针上从下到上地穿好了由大到小的64片金片，这就是所谓的汉诺塔。不论白天黑夜，总有一个僧人在按照下面的法则移动这些金片：一次只移动一片，不管在哪根针上，小片必须在大片上面。

4. 操作规则

所有圆环从起始柱移到目标柱，一次一环，大不压小。

益智课程建设在打破传统意义上将学生创新思维发展依托于学科教学的固定模式的同时，通过增设创新思维训练课程与常规学科课程的融合、课后独立训练实施等形式，将培养学生的思维素养落实于具体益智课程的实施过程中，获得了丰富多样的实践经验与方法，提升了学生的思维品质，强化了学生的心理机能，并使学生养成了良好的思维习惯和积极的情感。

三、多元益智文化，浸润数学素养

数学核心素养是在学生体验数学情境、参加数学活动、感悟数学思考的过程中产生的。打造多元的益智文化，积极拓展益智教学时空，是培养和发展学生数学核心素养的有效方法。

（一）益智文化实验室建设

第六小学投入大量资金购买80种益智器具，为学生建立宽敞明亮的益智器具专用实验室，面积大约160平方米。为了方便广大师生使用益智器具，学校制订了《益智器具室管理制度》和"益智实验室借还记录"，将所购置的器具统一编号，归类摆放，对损坏器具及时补充，并及时增加新的益智器具。

数学老师们将益智器具领进教室，每间教室的书柜上都摆放了适合学生探究的益智器具，午休、晚托时间经常看见学生三五成群研究益智器具的身影。

为了学生更便利地研究器具的玩法，学校还专门为学生购置了大量的益智类图书，鼓励学生在探究的过程中通过自己查找相关资料的方式寻找益智器具的解法。这个自主探究的过程让学生的数学阅读能力、理解能力、思维能力都得到了充分的发展，也点燃了很多孩子对数学知识探索的热情，益智实验室已成为很多孩子数学梦开始的地方。

（二）益智文化家校联动

我们通过研究发现，将益智器具与教学进行融合，不但能提升学生的课堂参与度，而且可以使学生在玩耍的过程中提高动手动脑能力。因此，为了更好地以益智器具推动学生思维与核心素养的提升，学校长期开展"益智器具进我家"活动，将益智器具推广到每位家庭中。益智器具不仅培养了学生的专注力和学习兴趣，还大大促进了家校联动、改善了亲子关系，获得了家长们的一致好评。

与此同时，我校还创设了多种活动载体，为益智文化的顺利推进"搭桥铺路"。家长会和家长开放日活动时，教师和学生可以和家长共同探讨益智器具，发现并解决过程中遇到的问题。同时，聘请益智专家做专题讲座，让家长掌握有关益智教育方面的知识；利用班级QQ群、微信群等媒体，及时向家长传播科学的益智教育理念和育人方法，让家长在潜移默化中获取科学的益智教育观念；定期开展家庭益智教育经验交流会，请相关家长传授育人经验，家长之间相互学习，共同提高，促进全体家长益智器具素质的提高。

我校自主开发了UMU平台，利用网络快速便捷地把教师们制作的益智器具教育专题微课和专家精品课分享给家长。家长不仅可以灵活地安排学习时间，还可以随时在平台上提问，与指导教师和其他家长进行双向多维的互动。

此外，开展线上教学期间，教师们有计划地制作益智器具微视频，借助QQ群、微信群发给家长，以便学生学习新的益智器具、复习学过的益智器具。同时，鼓励学生完整讲解益智器具的操作规则和方法，并借助云课堂展示给全校的教师、同学和家长，真正做到益智器具方面的"停课不停学"。

今后，我们将继续鼓励把益智器具带进课堂，带回家庭，与家长合作，共同为孩子们种下益智的种子，让孩子们在益智器具中启迪心智，借探究拓展思维，浸润数学核心素养。

（三）益智文化开辟教学新天地

初次接触益智课堂教学时，面对完全陌生的益智器具，教师们其实是十分迷茫的——如何解器具？如何教器具？如何从中培养学生的思维能力？面对种种困难，第六小学首先要解决的问题是——先把教师们的思维方式转变过来！

1. 借助双马双骑士打开教师的思维之门

开展第一次益智教研活动时，辅导老师是带着一批双马双骑士器具来参加的。辅导老师发给每位教师一套器具，先将要求抛给他们：怎样摆能得到两个骑士分别骑着两匹马的效果？

教师们开始思考并动手实践，常见的摆法如下：

初次探究，教师们守着传统的思维方式："人肯定骑在马身上，每匹马身上又都有一块空白的地方，因此只能这么放。"但是，他们又发现了新问题：这么放两个人都是倒着骑马，不符合常理。

辅导老师借势引导，请教师们再仔细研究："总共3块板，我们不妨

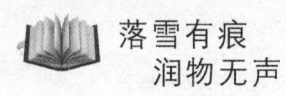

再尝试摆一下。"这时有的教师开始尝试改变 3 块木板的摆法，部分教师无意中得到了正确答案。

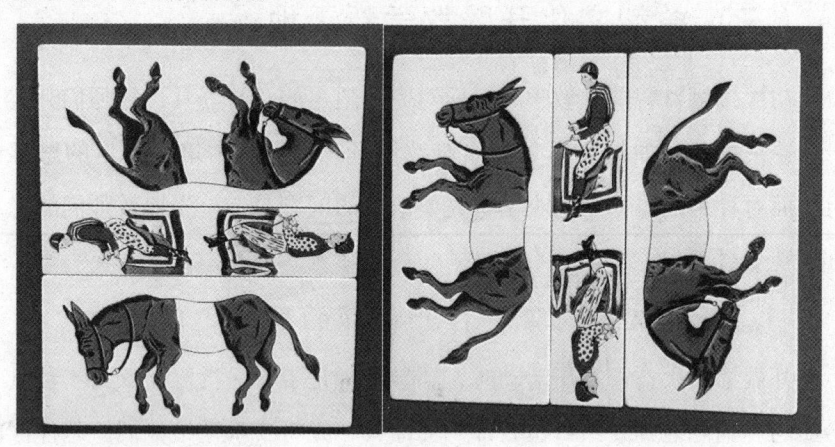

借助双马双骑士这款小器具，教师们明白了：只要思维别守旧、肯创新，总有解决问题的方法。就像益智教学一样，不要还没开始就先否定并拒绝，要破除自己的守旧观念，敢于挑战新事物。

我校购置了益智器具研究方面的书籍，教师们利用教研时间和课余时间积极学习。在学习的过程中，教师们把自己当成学生，提炼总结出每一款器具的重难点和突破点，为编写益智校本教材打下基础。

2. 借益智教学模式让思维教学遍地开花

教师课堂授课观念改变了，他们不再一刀切式地进行授课，开始更多地关注学生的思维品质，建立以学生为本的生本课堂授课模式。学生不再机械地学习学科知识，而是开放性、创造性地自主探究知识，结合教师点拨进行学习。这种以培养学生数学核心素养为目的的教学模式的形成，是益智课堂教学的价值所在。

益智课堂研究开展以来，直接受益的教师群体是数学组教师。与此同时，在我校益智课堂研究组的带动下，语文、科学、英语等学科教师也深受启发，意识到思维教学的重要性，纷纷结合各自学科特点，开发学生独特的学科思维品质。

在教师转变思维方式的同时，学生的思维方式也跟着发生了变化。通过对益智器具的学习和研究，学生在玩中学、在学中玩，创新思维和发散性思维得到了发展。不知不觉中，师生的数学核心素养都得到了提升。

为充分满足学生思维发展、提升数学核心素养的需求，我们以"益智"为载体，通过愉悦的探究体验活动，开发学生的思维潜能，促进学生身心健康的全面发展。我们采用课程化的训练体系，尝试跳出目前"题型"和"分数"的羁绊，在充满游戏乐趣和紧张思维碰撞的精神活动中挑战固有的思维定式，开发学生的智慧潜能。

益智课堂不仅是在探索中进行创新，还是落实《义务教育数学课程标准》对"四基、四能"教学要求的一种有效手段，其目的在于让学生在体验中培养创新意识，提高实践能力、合作能力。益智游戏能锻炼学生的逻辑思维能力，激发其对数学的兴趣。学生将这种思维应用于生活，服务于生活，获得成功后的自信。

古希腊哲学家普罗塔戈拉有句名言："头脑不是一个要被填满的容器，而是一束需要被点燃的火把。"21世纪的教育特点要求教育把学生当作一个活的生命体，不仅传授知识，更要教会他们如何装配知识，创造性地组成或分解知识，形成新知识。

在大力推广素质教育的今天，培养学生的能力比学习固有的知识更为重要，"学中玩，玩中学"已然成为教学的共识。我们会继续坚持，让益智课堂成为学生思维力提升的平台，在这条路上与孩子们一起走得更远，走得更好。

第三章

「合融之育」——学生创新能力发展探究

第三章 "合融之育"学生创新能力发展探究

第一节 以创新能力提升为导向的"小工匠实验室"建设

教育部《教育信息化"十三五"规划》指出，要积极探索信息技术在"众创空间"、跨学科学习（STEAM 教育）、创客教育等新的教育模式中的应用，着力提升学生的信息素养、创新意识和创新能力。同时，21 世纪核心素养也强调学生学习能力和创新素养的培养。但目前一些中小学教学仍然以知识传授为主，缺乏相应的实践操作，使学生学习获取的知识与现实生活脱节，无法满足 21 世纪信息社会对创新型人才的需求。

创客教育是一种将创客文化与教育相结合，基于学生生活经验与兴趣，采用项目学习方式，利用数字化工具，倡导造物，鼓励分享，以培养学生解决问题的能力、团队协作能力和创新能力的素质教育。创客教学是创客教育的教学实践，随着 3D 打印技术、机器人技术、智能材料技术、模块化的编程语言等建构性技术的发展和普及，中小学创客教学迎来空间发展的"黄金时代"。教育部《教育信息化"十三五"规划》强调，要大力推进"网络学习空间人人通"。网络学习空间作为一种个性化的学习环境，也为创客教学提供了学习资源、学习工具、协作交流等功能支持，从而促进教与学方式的变革，为创新型人才的培养提供了可能。

一、"小工匠实验室"建设背景

阅读、运动、科技、艺术是第六小学为孩子们准备的打开未来的 4 把

"金钥匙"。我校积极建设、完善课程体系,创新课程实施路径,"润物细无声"地对学生实施有目的的影响,使全体学生得以和谐、全面、健康发展,逐渐形成富有成效的"润合"课程体系。

党的十九届四中全会《决定》提出"弘扬科学精神和工匠精神"。工匠精神是一种严谨认真、精益求精、追求完美、勇于创新的精神,这为新时代教育提出了新内涵、新任务、新挑战。2016年,第六小学基于STEAM教育理念引入创客教育,成立"小工匠实验室",围绕智造、创意、融合、助力4个维度,基于信息技术逐步开发出人工智能、创意编程、创意智造、3D设计等创新课程,在动手实践中,培养学生的科学精神和创新能力,为学生的终身发展助力。

实验室的立意是通过多学科整合培养学生的动手能力和创造力。实验室通过校本化课程体系,引导学生将自己的想法作品化,培养学生独立解决问题的综合能力和创造性思维,聚焦学生核心素养的发展。

实验室为学生创造力的无限发挥提供空间保障,它将是一个开放、创新、协作、共享的创客平台。"小工匠实验室"是一个"知行合一"的创新工场,基于跨学科应用项目的趣味性提升学生的创意,以学生创新能力的发展带动学校创新文化的提升。

二、"小工匠实验室"建设意义

STEAM,即科学(Science)、技术(Technology)、工程(Engineering)、艺术(Art)和数学(Mathematics)的整合。STEAM学习是学生围绕STEAM内容开展的跨学科学习,其跨学科性、情境性的特点可与"基于项目的学习(Project-based Learning,PBL)"理念交叠。基于项目的STEAM学习(简称STEAM)即一项学生在活动参与、项目设计、问题解决中进行的跨学科的实践活动。从核心素养的视角来说,对基于STEAM的项目式学习展开探析,有助于进一步认识和理解STEAM的内涵,促进STEAM教育在中小学的实践,为我国基础教育改革提供新的路径。

创客教育与STEAM教育碰撞产生的"小工匠实验室",顺应了时代对发展学生核心素养的要求,成为第六小学推进教育教学改革的新路径。基于创客教育深度应用的STEAM之所以能够在短短6年时间里取得突飞猛进的发展,其中一个重要原因是社会各界初步意识到了STEAM教育在学生发展、课程改革、教育变革乃至国家人才培养战略等方面的巨大潜力。为进一步厘清认识,我们可以从学生层面、学校层面和社会层面进行多角度、多层次的分析。

(一) STEAM教育是培养学生实践创新能力的重要阵地

"小工匠实验室"通过设计基于STEAM理念的教育学习活动,让学生通过设计、造物、反思、交流等活动感受发现的乐趣和创新的力量,由此激发学习的内在动机,进而形成核心能力。

相较于传统教育,STEAM教育实践活动在培养学生实践创新能力方面具有得天独厚的优势。基于实践的创新强调"始于实践,终于创新",就STEAM教育而言,其设计的学习任务往往是跨学科的实践应用过程,主要强调基于学科知识的造物创新过程。

1. "小工匠实验室"教育活动为学生提供了一种创新性的、更具吸引力的学习方式

创客教育鼓励学生以兴趣为导向,以造物为基本形式,将头脑中的创意转变为可视化的成果。学生在创客教育中可以直观感受造物的乐趣和知识的力量,由此激发学习的内在动机,使得学习成为一种持续、主动的过程,有别于当下应试教育的学习常态。从具体学习理论的角度看,创客教育是一种身心参与的学习活动,学生能够在动手实践的过程中与周围世界进行直接交互,有效培养学生发现真实问题和创造性解决问题的能力。从这个意义上说,创客教育的目标不仅体现在学生学习内驱力的激发和维持,更体现在学生实践创新能力的培养。

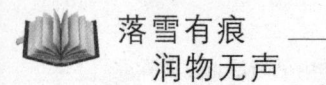

2. "小工匠实验室"教育活动注重从实践出发，以造物的形式培养学生的实践能力

实践的效果对学生的思维形成反馈，促使学生基于实践进行再创造。整个过程构成一个完整的闭环，由思维到实践再反作用于思维，每一次反作用都是对学生思维的一次发散和提升。这一造物过程不仅培养了学生的实践创新能力，也在潜移默化中让学生学会了综合运用多学科知识解决问题，而不是把自己封闭在某一学科当中。

STEAM教育本质上是一种问题导向式的技术工程教育，通常指向真实问题的解决。学生在解决面向真实情境的技术工程问题的过程中，自然而然地卷入各相关学科知识的学习，通过跨学科整合寻求解决问题的方案，并通过努力使之变为现实。这不同于传统的应试教育：应试教育旨在教会学生在单学科、单知识点中寻求特定问题的标准答案，而扎根真实情境的工程技术问题的解决则需要学生综合运用多学科知识，通过坚持不懈的努力设计出具有创意的解决问题的方案并付诸实践。

（二）"小工匠实验室"是学科整合与创新文化建设的重要抓手

实验室建设根植于多学科交叉融合的土壤，第六小学推进创客教育的过程，也是对相关学科的课程结构进行整合的过程。在传统的课程结构中，学科之间相互孤立，缺乏系统性。这种课程结构一方面容易导致学生对单一学科的片面认知，另一方面也会造成学生运用跨学科知识解决实际问题的能力不足。

STEAM教育系统地构建多学科融合体系，建立学科之间的相关性，能够使各学科由孤立存在转而形成一个相互关联的整体，从而实现塑造学生整体性学科思维的目的。同时，不同学科的交叉融合还可以活跃学生的思维，在不同思维方式的相互碰撞中进一步培养学生的创新意识和创新能力。不同学科间的整合，则能进一步拓宽学校培养学生核心素养的途径，同时促进不同学科间的师资交流，形成协作式的创新教师团队。

　　STEAM教育的稳健发展离不开创客空间的有力支撑。就第六小学创新教育而言，"小工匠实验室"特指在校园内建设的用于STEAM教育活动的专门实验室。近年来，越来越多的中小学或在国家政策的引领下，或在自主自发探索实践的基础上，建立了符合各自需求的创客空间。需要注意的是，基于场馆的创客教育是创客教育持续发展的重要方向。换言之，创客空间不止局限于某个专门的空间，校园内的计算机教室、综合实践教室等均可以优化改造为适合学生开展实践创新活动的场所。因此，学校创客空间和场馆的建设不仅能够为学生提供开展创意设计与创作的物理空间，而且能够成为创建创新文化的抓手，成为展示学校办学理念和特色发展的新的形象标志。

三、"小工匠实验室"建设规划

　　第六小学坚持以学习者为中心，树立符合学生成长需要、符合时代发展趋势、符合社会需求的人才观和课程观，充分发挥信息技术的支撑作用，从创客空间、创客课程、创客活动、创客师资、创客文化等维度全面推进创客教育，形成良好的创客教育生态环境，培育学生的创新意识、创新精神和创造能力。

（一）探索基于STEAM理念的教与学新模式

　　"小工匠实验室"建设凸显信息化时代的未来教育理念，体现了教育变革的核心要求，基于发展学生关键能力，聚焦学生终身发展核心素养形成。

1. 以生为本

　　发挥STEAM教育融汇创新教育、体验教育、项目学习的优势，尊重学生个性选择，挖掘学生创新潜能，培养学生善于学习、勇于探索、敢于创新的时代精神，促进学生全面发展。

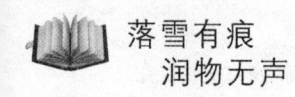

2. 共建共享

无差别向学生开放，扩大学生受益面；充分运用互联网和开源技术，构建开放的 STEAM 教育环境，让学生共享资源，分享思想和成果；主动对接社会公共资源与创客空间，丰富载体、拓展领域，激发创新精神，培育实践能力。

3. 整体推进

加快基于 STEAM 理念的创新实验室设施设备、创客师资队伍和制度环境等方面的建设。

通过"小工匠实验室"项目的实施，大力推动 STEAM 教育探索。以创新活动为平台，以课程改革为载体，多形式常态化开展创新教育活动。到 2022 年，第六小学已完善创新教育实验室环境建设，围绕课程体系建设、师资团队培养和教学评价方式探索，打造校园 STEAM 教育生态，逐步形成具有特色的学校创新教育体系。

（二）探索基于 STEAM 理念的教育实践研究

1. 以理念创新支撑创新教育发展

要清晰地认识到 STEAM 教育所带来的教育理念和教学模式的变化，即基于班级授课制和以教师为中心、教材为中心、教室为中心的知识传授模式，逐步让位于基于广泛学习资源和以学生为中心、问题为中心、活动为中心的能力培养模式。

要充分发挥创客教育融汇创新教育、体验教育、项目学习的优势，以及其将混合学习、STEAM 学习、合作学习变为可能的混合环境特征，尊重学生个性选择，激发学生创新潜能，让学生在搜索信息、选择信息、使用信息、创造信息的基础上，成为学习资源的创造者、建构者，成为知识的物化者，培养学生善于学习、勇于探索、敢于创新的时代精神，促进学生的全面发展。

2. 以发展学生素养推动创新机制

结合第六小学实际进行创新改造，配套创新实验室教育设施、软硬件和工具材料。积极营造有学校特色和教师特质的创客文化氛围，常态化开展创新教育。充分利用创客社团及各种校内、校外创客课程资源开展创客活动，引导家长和社会广泛参与到创客教育中。将创客文化节、创客社团活动、青少年创客创意大赛、中小学电脑制作大赛等各项活动相结合，打造创新教育展示平台，交流创新经验，促进思想的碰撞和创意的再生成，培育校园创新教育文化。

3. 以 STEAM 教育实践促教师专业发展

促进第六小学的信息技术、学科信息骨干教师转型发展，使之成为创新教育主力军。积极创建创新教育名师工作室，设立优秀创新教师创客空间，多途径、多形式促进创客教师快速成长。

通过培训提升理论水平和实践技能，聘请知名创新教育专家针对创客教育开展过程中出现的各种问题进行指导。支持学校聘企业人员到学校兼职，联合开展中小学生创新教育实践。

以 STEAM 教育为统领加快学科渗透，丰富拓展性课程内容，逐步向学前教育延伸，加强学科整合渗透实践与研究，多渠道提供学生创新活动平台与机会。

4. 以课程建设提升创新教育实施水平

加快基于 STEAM 教育理念课程建设，按照国家课程方案和学科课程标准，根据自身的办学基础、学校文化、课程资源、学生需求等情况，科学合理地制订学校总体课程规划方案，形成包括课程主题、课程目标、课程内容、课程实施、课程评价在内的完整创新教育课程体系。在学校课程体系中，创新课程既要有面向全体学生的普及型课程，也要有满足不同学生群体需求的提高型课程。

要遵循 STEAM 课程的 5 种基本属性（周期性、工具性、现实性、成品性、工程性）和 6 项基本要素（生活之需、材料之识、工具之能、过程之控、资源之选、分享之趣），结合课堂特点以及校情、学情，建构多元化的系列课程。要遵循不同年龄段的学生差异，为学生提供多样化的实践操作载体，以适应不同阶段学生的能力基础和成长需求。

要用STEAM教育的理念和方式来改造日常的教育教学，结合跨学科项目式教育理念，形成新的教育模式，实现课堂形式的创新与转变。以整合的课程体系和教学方式，融合的STEAM教育的跨学科、趣味性、体验性、情境性、协作性、设计性、艺术性、实证性和技术增强性等核心特征，把创新教育课程体系渗透到各个学科的日常教学活动中去。

四、"小工匠实验室"空间规划建设

"小工匠实验室"就是为学生提供创新学习的活动场地，学生们聚集在这里一起将创意变成现实。实验空间为学生提供必要的创作场地和基本工具，并通过组织学生参加各种工作交流会或经验分享会，促进师生之间、生生之间的沟通和创意知识的共享，是一个STEAM教育活动的组织形式和学习平台。固定的场所、必要的设备、项目式的学习活动是实验室空间的3个基本条件。

（一）建设创新空间须考虑的问题

"小工匠实验室"的建设主要是为了提供一个有利于学生创作的空间环境，从而更好地培养学生的创新能力。在建设实验室空间时，学校须考虑以下几个问题。

1. 以学生为中心

中小学生的创造力发展建立在学生人格健全发展之上，学生的人格健全发展是创造力发展的重要基础。创新实验室是培养学生创造力的场所，要以学生为中心来建设，从而促进中小学生创新能力的培养。

2. 发展学生积极动机

积极动机是创造力培养的动力源泉。积极的动机可以促进学生创造力的培养，因此创新实验室的建设要考虑到如何发展学生的积极动机，培养学生的创造力。

（"小工匠实验室"设计效果）

3. 满足项目式学习要求

STEAM学习活动需求是学生创造力培养的前提条件。项目学习时需要为学生提供物质条件，使学生的创作力能够继续维持下去。创新实验室的建设需要考虑到学生在项目研究时的需求，满足学生的需求才能够更好地培养学生的创造力。

4. 及时提供帮助

学生在学习时遇到的常见问题往往会阻碍学生的学习进度。在建设创新实验室时需要考虑学生在学习时遇到的常见问题是什么，为学生的学习及时提供帮助，尽可能地避免学生因制作时遇到小问题而影响创作信心。

（二）创客空间的建设思路

"小工匠实验室"是提供给学生基于项目式学习进行创作、分享和交流思想的场所。根据建设实验室空间需要考虑的问题并与实际相结合，我们将线下空间分为创意共享区、创作体验区、设计创造区、创新交流区、成果展示区 5 个区域。

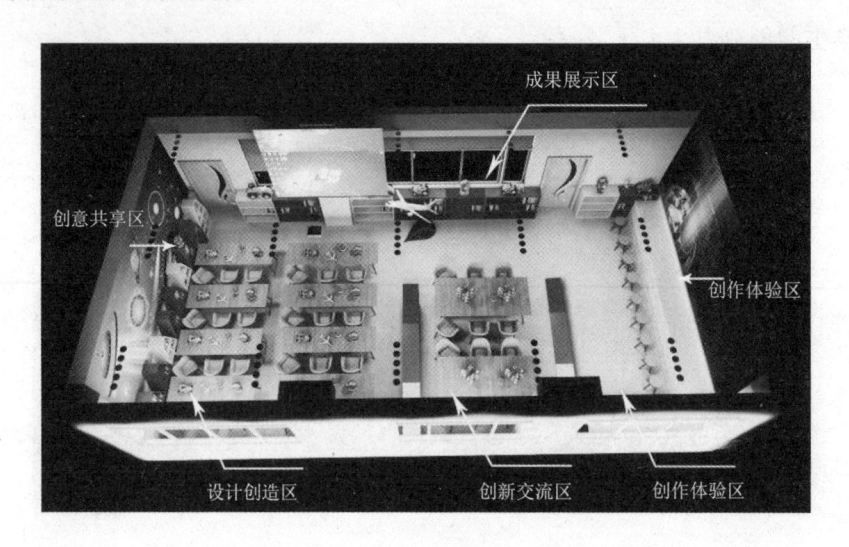

（创客空间的建设思路）

1. 创意共享区

共享区是"小工匠实验室"空间的最主要区域，是连接创客空间中其他区域的桥梁，同时也是信息交流的主要场所，是整个创客空间最有活力的一部分。共享区是一个共同使用的地方，通过向学生提供信息查询设备、相关的图书资料、创意留言板等，为学生提供信息查询、技术学习、创意共享等活动。每个学生的思维和想象力都不一样，学生创作的优秀作品可以进行展示和讲解制作思路与用途，这样可以做到共享内容广泛。内容的丰富多样可以为学生创造力的培养奠定知识基础。

2. 创作体验区

体验区是学生在项目开发时真实体验的区域。学生能够亲自动手实践、感受器材与创作，能给学生留下深刻记忆。学生可以根据自己的设计思路进行自主创作。教师通过提供学生创作时需要用到的知识和设备工具，学生根据自己的需要通过查询资料、和同学交流等方式来进行创作。

学生在体验区可以初步了解软件、零件等基础知识，还有一些关于创新思维和基础设计的知识。体验区提供的设备也是作品创作时的基础设备。体验区满足了学生刚刚开始接触创作的自我成就感，为培养学生的创造力提供了成就需求基础。

3. 设计创造区

设计创造区是学生实现自己创意的主要区域。这个区域里面放置计算机、3D 打印机、激光切割机、开源硬件等创作工具以及各种硬件器材和软件，教师应该根据项目教学内容，向学生提供必要的制造材料，为学生将设计变成现实提供保证。

4. 创新交流区

创新交流区是一个提供师生交流的地方，在这里创客们可以通过思想碰撞的方式来寻找自己的合作伙伴，也可以通过交流来完善自己的创作、激发新的灵感。

交流的形式可选择线上或者线下，线上交流可以使用电子设备进行视频交流。

5. 成果展示区

成果展示区是每一个学生展示自己作品的地方。成果展示是体现一个创新实验室空间的意义所在。学生通过展示分享自己的作品，可以促进知识的碰撞交流，达到成果的不断优化改进，最后创作出更加令人满意的作品。同时，成果展示还可以调动和吸引更多同学的兴趣，从而获得自我成就感和他人认同感。全面地展示学生的作品，满足每一个创作学生的成就心理，也是给予学生鼓励的一种方式。

五、"小工匠实验室"应用方案

第六小学"小工匠实验室"是基于 STEAM 教育理念，融合信息技术、跨学科学习、创客教育的创新教育，应用实践中主要涉及基于创新空间的环境建设、基于教学的创新课程建设、基于专业成长的教师团队建设、基于学生学习的教学探索、基于学校发展的创新文化建设等内容。我校通过开展基于新理念的创新教育实践研究，推动创新教育有序发展，探索、归纳、总结出一个面向未来的教育新模式。

（一）基于创新实验室的校本课程开发

课程建设将围绕"润合"教育课程建设要求，以发展学生的关键能力、提升学生的核心素养、培养面向未来的合格建设者为目标，基于STEAM 教育理念，开展基于语文、英语、数学、科学、信息技术等课程的融合，基于跨学科教学设计，推进学校教育教学工作改革创新。基于以上分析，我们设计了以下课程框架：

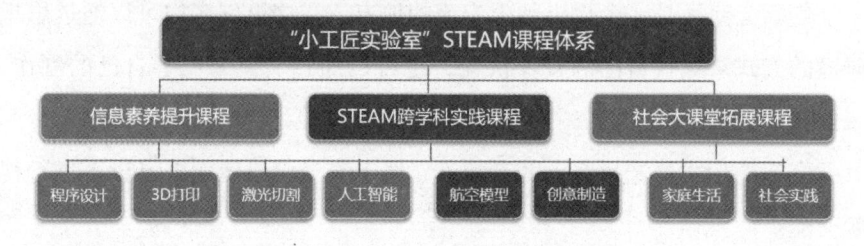

（小工匠实验室 STEAM 课程体系）

1. 信息素养提升课程

"小工匠实验室"设计基于信息技术应用的信息素养提升课程，开发项目化的信息技术应用场景的造物项目，引导学生在造物过程中提升信息素养和创新能力。课程内容主要包括面向全阶段的 Mind + 编程课程、中高年级的 3D 打印课程、高年级的激光切割课程以及基于开源硬件的人工智能课程。

2. STEAM 跨学科实践课程

"小工匠实验室"设计基于 STEAM 理念的跨学科实践课程。STEAM 课程在学习任务或问题上的跨学科设计，能够让学生在更贴近真实的情境中综合运用多个学科的知识、技能、方法来完成任务或解决问题，从而起到不同于单一学科课程的教学效果。跨学科课程主要有航空模型课程和创意制造课程，需要学生综合应用所学知识解决实际问题的能力，促进学生关键能力的形成。

3. 社会大课堂拓展课程

STEAM 本身就是一种教育理念，有别于传统的单学科、重书本知识的教育方式，而是一种重实践、解决实际问题的超学科教育概念。烟台开发区拥有丰富的社区资源，如 3D 时空、腾讯新工科研究院、创基梦工厂等科技研学基地，将 STEAM 教育与我区富有特色的社会资源融合，形成了家庭生活和社会大课堂两种拓展课程。通过边观察边学习、边学习边操作、边操作边体验、边体验边探究、边探究边创设、边创设边提高，让学习过程更有真实性、实践性、创造性和兴趣性。

（二）基于创新实验室的教师专业能力提升

STEAM 理念下的创新教育主要涉及教育价值观、教学观、学习观、教师观、学生观等诸多方面，其中教师在创新教育中是学生的指导者、帮助者和促进者，具有举足轻重的作用。在一定程度上，教师专业发展决定着学校发展及创新教育深入推进。融入教师专业发展的创新教育，将推动教师专业教育理念、知识结构、教学技能、专业精神、教学实践等方面的创新发展，从而有助于培养创新人才，推动学校高质量发展。

1. 创新实验室为教师专业发展提供新路径

创新教育实践有利于教师充分利用自身专业优势进行创新课程开发、创新教育实践，开展基于跨学科实践探索，为教师专业发展提供空间，为教师更新专业教育理念提供路径，为丰富教育知识、提升专业能力提供了新契机。

2. 创新实验室为教师更新教育理念提供路径

教育理念是教育行动的先导，是支撑教师专业发展的精神力量，一旦失去，教师专业发展就会失去前进的方向。创新教育站在时代发展的前沿，提出了指向培养创新人才这一核心理念，这就要求教师在教育实践中贯彻这一创新理念。同时，STEAM教育在知识观、课程观、教学观、学生观等方面与传统教育理念不同，这就为教师专业发展提供了更新教育理念的新契机。

3. 创新实验室为教师拓展专业教育综合性知识提供路径

一般来说，在传统学科知识体系下，教师专业知识主要指教师具备并擅长本专业理论知识和实践知识。在中国制造2025及工业4.0背景下，社会更需要跨学科、跨领域综合性知识的高素质应用型复合型创新型人才。创客教育的跨学科、跨界知识特性，为教师拓宽专业知识广度，探索专业知识深度提供了契机。

（三）基于创新实验室的学校创新文化形成

第六小学创客文化是在创客文化大背景的影响下，在学校落实创客教育教学的实践中，形成的关注学生创造力培养的校园文化氛围。那么，我校创客文化如何对学生创造力的培养产生积极正向的作用？作为未来创新人才的储备军，学生创造力的培养应该基于学生已有的创造性个性倾向，重点关注学生创新意识的启迪、创新思维的训练和创造能力的掌握等方面。

第六小学创新文化的落地依赖于学校开展的创客教育实践，因而学校创新文化以创客教育教学为手段，从创新意识、创新思维和创造能力三方面，促进学生创造性个性的显现，实现创造力的自然生长。

第二节 基于 STEAM 理念的"小工匠创新课程"开发实践

随着全球化、信息化与知识时代的来临，21 世纪核心素养的讨论浪潮席卷全球。国际上，联合国教科文组织、经合组织、欧盟、美国、日本等纷纷从公民需求出发，提出了各有特色的核心素养框架体系。核心素养是学生在接受相应学段的教育过程中，逐步形成的适应个人终身发展和社会发展需要的必备品格与关键能力。2016 年 9 月，中国教育部公布了《中国学生发展核心素养》总体框架，以培养"全面发展的人"为核心，分为文化基础、自主发展、社会参与 3 个方面，综合表现为人文底蕴、科学精神、学会学习、健康生活、责任担当、实践创新六大素养。

STEAM 教育是一种跨学科、综合性的教育理念，培养学生从一种综合的角度看待世界，以一种创新的方式改造世界，使学生能够更好地满足未来社会对人才的职业需求。由于跨学科教学在素养提升中独特的价值，STEAM 教育陆续受到世界多国的重视。而核心素养则旨在培养全面发展的人、有社会生存能力的人，这与 STEAM 教育理念不谋而合。第六小学基于 STEAM 教育理念设计开发"小工匠创新课程"，助力学生关键能力的发展和核心素养的生成。

一、明确创新实验室 STEAM 课程开发模式

STEAM 课程的目的主要是通过让学生解决实际问题，将各领域知识

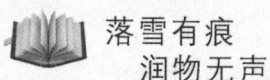

整合起来，从而促使未来人才适应当今知识经济全球化水平复杂性和合作性不断增强的大趋势。因此，它强调对学生科学素养、工程技术素养和数学素养等的融合培养，各个素养之间朴素渗透、相互补充，才能充分发挥培养创新能力的作用。

第六小学基于STEAM教育提出的新时代学习者应该具备的核心素养，即设计思维、创造性问题解决能力以及复杂的合作共生能力，也是当前STEAM课程的重要育人目标。

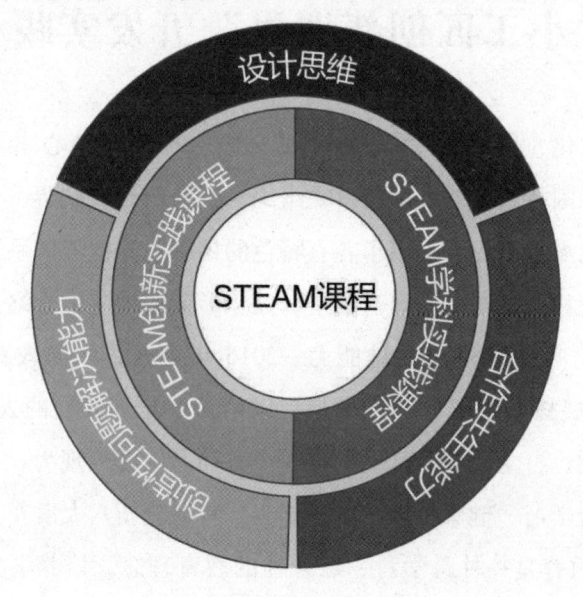

（STEAM课程类型与学生素养发展的关系）

（一）创新课程设计应基于设计思维的理念

数字化时代社会环境日趋复杂，各种新问题和新挑战层出不穷。工业革命时期通过大量重复练习培养的常规型人才终将被社会淘汰，新时代的人才应该是能够解决不断涌现的新疑问与难题的适应型人才，而他们通往疑问答案和难题解决方案的必经之路，则是科学与工程领域的核心素养。无论是运用科学方法还是工程方法解决当今时代出现的新问题、设计研发新产品，都需要人们有事先设计的方案，或通过实验验证，或通过操作检验，最终得出完美的解决方案及创新产品，这也是人类文明进步的重要做法。因此，这种设计思维的培养在 21 世纪的教育中显得尤为重要，它是当今复杂社会环境下解决问题的必备核心素养。

STEAM 课程是以工程教育为核心的。琳达·凯特希等总结了 K-12 阶段开展工程教育的 3 个原则：第一，强调工程设计，这是工程师确定并解决问题的方法；第二，工程教育中要融合数学、科学和技术领域的核心知识；第三，工程教育要培养学生工程的思维习惯，包括系统性思维、创造力、合作交流能力等。

由此可见，工程教育对培养学生的创造力、问题解决能力与合作交流能力有重要作用。工程教育以培养学生的设计思维为核心；在工程设计的过程中，学生往往需要综合运用多学科知识去解决实际问题。工程与技术为科学学科素养发展提供了真实情境。

（二）创新课程应着力创造性问题解决能力

纵观人类文明历程，无不由问题的驱动而前进。教育要面向未来，就应该重视对学生创造性问题解决能力的培养。学习者具备这种问题解决能力之后，不仅能够应对考试，更能够在未来所面对的真实世界之中，运用批判性思维、逻辑思维、创造性想象等技能，帮助自己解决面临的任何复杂问题。在 STEAM 课程的学习过程中，学生置于真实世界的实际问题情境之中，需要综合运用多种学科知识与技能，并在合作探究中解决问题。教师作为学生的引导者、协作者，应尊重学生的每一个问题和每一个创意。因此，STEAM 课程应为学生创造性解决问题能力的培养，提供机会与路径。

（三）创新课程体现合作共生能力

现实世界的问题也日益复杂，要想得到有效解决，往往需要多领域专业知识的共同参与，而一个人是很难同时具备多种专业知识的，这就要求

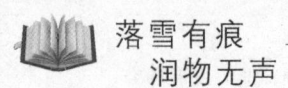

我们相互理解、学会沟通、互相合作。因而，未来的学习者应该具备很强的共生和合作能力。STEAM 课程作为一类整合型的课程，其学习与实践更需要通过团队交流协作，共同解决问题。

二、明确创新实验室 STEAM 课程结构

（一）信息素养提升课程

信息素养提升课程是基于信息技术造物课程，学生通过学习基于信息技术的编程、3D 打印、激光切割、开源硬件等内容，基于创新导向，开展创新设计、制造的项目化课程，引导学生在造物过程中提升信息素养和创新能力。

1. 面向全学段的创意编程课程

（1）创意编程课程设计思路

Mind+ 是一款拥有自主知识产权的国产青少年编程软件，集成各种主流主控板及上百种开源硬件，支持人工智能（AI）与物联网（IoT）功能，既可以拖动图形化积木编程，还可以使用 Python/C/C++ 等高级编程语言，让大家轻松体验创造的乐趣。作为基础的 Mind+ 软件引入校本课程主要有以下考虑：

①具有跨年级的适应性。对于初学者来说，通过 Mind+ 可以直接拖动图形化模块进行编程，并能立即看到动画效果；对高年级学生而言，使用图形化积木编程时可以自动转换为 Python 或 C 代码，对照学习的同时也可以手动编辑代码，完成编程进阶。

②具有跨平台的适应性。高年级阶段的人工智能课程中开源硬件是基于 Arduino、Micro:bit，而 Mind+ 将两个硬件平台与软件平台进行了融合，基于 Mind+ 的图形化编程将为学生进行创意创造奠定基础。

③具有人工智能高阶应用的适应性。Mind+ 集成了大量人工智能应用，能满足人工智能学习 AI 的平台基础，不管是纯软件应用为主的图像

识别、语音识别、文字处理等功能，还是开源硬件中的语音、图像等传感器的控制，都为学生了解体验人工智能提供了平台。

（2）图形化编程课程设计框架

课时	教学主题	教学目标
01	新手村——神秘的Mind+	舞台背景和角色的新建或修改、文件的保存
02	新手村——简单的角色动画	角色的控制，掌握使用循环指令控制角色运动
03	欢乐谷——集结了	使用开始、停止程序按钮控制程序运行，掌握用坐标控制角色位置
04	欢乐谷——欢乐的聚会	使用循环、下一造型和等待命令控制多造型角色的造型变化
05	欢乐谷——我的音乐我做主	掌握使用开始播放命令让电脑发声，学习使用扩展"音乐"模块
06	欢乐谷——双人舞	学习使用广播，当接收到命令时控制角色动作
07	迷失森林——掷骰子	掌握变量的使用，学习使用随机数、逻辑判定命令的使用
08	迷失森林——我的画笔自制迷宫	掌握指向命令控制角色方法，学习使用键盘侦测命令控制角色
09	迷失森林——穿越电流阵	掌握旋转模式命令控制角色，学习使用颜色侦测命令控制角色
10	攀岩岛——过目不忘	学习使用询问并且等待、计时器归零设计完整的游戏程序
11	攀岩岛——守门员	综合应用设计守门游戏，掌握程序规划、设计的一般过程
12	竞技场	基于项目进行自主的程序设计，提交成果

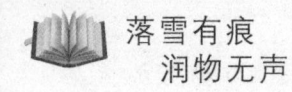

2. 面向中年级的 Micro:bit 开源硬件课程

（1）Micro:bit 魔法师课程设计思路

Micro:bit 是一款基于 ARM 架构的如同口袋般大小的可编程计算机，每个人都可以在这块小小的板卡上进行创新。BBC 发布这款开源硬件的主要目的是为青少年编程教育而考虑，希望能够借助 Micro:bit 帮助学生参与到硬件制作和软件编程中去，发挥学生丰富的想象力。将 Micro:bit 开源硬件引入校本课程主要有以下考虑：

①体积小。Micro:bit 是一块长 5 厘米、宽 4 厘米的微型单片机。相较于其他编程开发板，如 52 单片机、Arduino 等，Micro:bit 具有易于携带和存储的特点。

②集成度高。Micro:bit 不仅包含 5×5LED 点阵、可编程按钮、连接引脚等基本模块，还内嵌了多种传感器及模块，如光线传感器、温度传感器、加速度传感器、地磁传感器、蓝牙模块、无线电模块等。

③操作简便。用户使用智能终端通过数据线或蓝牙即可连接 Micro:bit 进行程序设计，简单易上手。在课上，学生和教师只需要打开网页，就可以进行课程教学。

（2）Micro:bit 课程设计框架

课时	教学主题	教学目标
01	显示图案	掌握 Micro:bit 编程的基本操作，控制 LED 点阵显示指定的图案
02	显示自定义图案	掌握修改程序，使用"show leds"命令控制 LED 点阵
03	学会数数	了解滚动显示，使用命令控制 LED 点阵显示自定义数字
04	制作姓名牌	了解编程中常使用的数据类型，控制 LED 点阵显示自定义字符串
05	其他显示模块	掌握清屏命令，并知道它的重要作用；控制 LED 点阵显示箭头图案
06	按键控制	了解 Micro:bit 物理按键 A 和 B 的重要意义；掌握定义按键功能的方法
07	晃动的心	学习晃动及循环模块；学会使用命令显示变化的图案
08	天天向上	学习更多加速度传感器的应用方法，使用加速度传感器命令侦测硬件姿态
09	智能夜灯	学习光线传感器模块及应用方法，掌握条件判断语句模块的使用方法
10	温度与罗盘	学习温度、指南针模块及应用方法，使用数字显示模块输出传感器数值
11	猜数字	了解 Micro:bit 无线组的定义与应用方法，掌握自定义变量的方法，学会使用 radio 模块的使用方法
12	读心术	熟悉 Micro:bit 无线组通信的基本方法，掌握使用条件语句对无线通信信息进行分析输出的基本思路

3. 面向高年级的 Arduino 开源硬件课程

（1）Arduino 课程设计思路

Arduino 可以使用现有的电子元件（例如开关、传感器或其他控制器件）、LED、步进马达或其他输出装置。Arduino 也可以独立运行，并与软件进行交互。Arduino 可以很方便地对机器人进行控制，它通过各种各样的传感器来感知环境，通过控制灯光、马达和其他装置来反馈、影响环境。这些便捷灵活的交互体验拉近了学生和硬件之间的距离，使用起来变得特别方便。将 Arduino 开源硬件引入校本课程主要有以下考虑：

①Arduino 作为一款开源的电子制作平台，具有重量轻、体积小的特点，该平台由包括各种型号的 Arduino 控制板的硬件部分和包括 Arduino 集成开发环境和编程接口的软件部分组成。

②Arduino 自带的 I/O 接口和扩展板能与各种传感器、步进电机、蓝牙、舵机等相连，而且 Arduino 也是独立于其他软件沟通的平台。

（2）Arduino 课程设计框架

课时	教学主题	教学目标
01	神奇的按钮	了解数字传感器，学习使用程序和按钮控制 LED 的方法
02	简易入侵检测仪	了解数字传感器，学习使用人体红外传感器
03	可调灯	了解模拟传感器，学习使用模拟角度电位器
04	智能灯	了解模拟传感器，学习使用声音传感器
05	创意门铃	学习条件判断语句和蜂鸣器的使用
06	小小作曲家	了解控制蜂鸣器发声的一般方法

续表

课时	教学主题	教学目标
07	噪音计	了解舵机和模拟声音传感器的使用方法
08	遥控灯	了解红外遥控模块（红外遥控器、红外线接收传感器）的使用
09	另类电子琴	了解使用超声波测距仪的使用方法
10	教室人数计数系统	了解使用人体红外模块、液晶显示模块

4. 面向高年级的3D打印课程

（1）3D One创意设计课程设计思路

3D One青少年三维设计软件，是一款适用于青少年群体的3D打印设计软件。将3D One创意设计引入校本课程主要有以下考虑：

①所见即所得的设计工作。3D One软件界面简洁、功能强大、易于上手，非常符合中小学生的开放思维创意操作模式，能够简单、轻松、快捷地表达创意想法，能让没有任何基础的孩子们，在短短几个小时的学习后即可用简单的拖拉操作方式，绘出自己的3D作品，并直接输出到3D打印机打印。

②空间教学的辅助工具。作为教学的辅助工具，3D One服务于小学创新教育当中，尤其是在培养学生视觉空间能力方面优势突出。视觉空间是人类智能结构的核心部分，尤其是在学习数学、设计、艺术等抽象知识时，视觉空间能力发挥着至关重要的作用。视觉空间能力的高低，在一定程度上影响了学生的成绩。3D技术能够有效培养、提高学生的视觉空间能力。3D自身得天独厚的优势使得其可以打破图形的束缚，建立出任意复杂结构的教学模型，改变了传统教育课堂上缺乏立体模具的局面。有了3D技术的干预和介入，枯燥、抽象的理论知识可以以生动、具体的形象

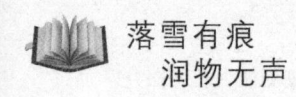

展现在学生的面前,有助于学生的理解和记忆,是提高学生学习能力的关键。

(2) 3D One 创意设计课程设计框架

课时	教学主题	教学目标
01	精美挂饰	学习草图、修剪、文字、运用工具的使用
02	立体五角星	掌握修剪延伸、移动、放样影射工具的使用
03	风车	学习阵列、组合命令,学习曲面的选择及渲染操作
04	书夹	学习移动、阵列、扫掠、组合3个命令的使用
05	篮球	学习偏移曲线、实体分割、缩放工具的使用
06	汉诺塔	掌握布尔运算、阵列、自动吸附、对齐移动命令的使用
07	浮雕笔筒	掌握抽壳、预制文字、投影曲线、镶嵌曲线的使用
08	螺丝	掌握草图、拉伸、放样、对齐移动、圆柱侧弯命令的使用

5. 面向高年级的激光切割课程

(1) 激光切割创意制造课程设计思路

激光切割机是一款新型的数字化工具。一块木板经过激光切割机的快速加工,很快就可以形成作品。而且,激光切割机的成本非常低廉。目前,学校创客空间大多数使用的是小型激光切割机。常见的激光切割作业包含平面作品、立体作品、机械作品3类,应用激光切割机的创客作品主要是平面作品和立体作品。

有了激光切割设计软件，学生就能够向计算机输入自己作品的内外结构、尺寸等全方位的细节，操作简便，所见即所得。激光切割的设计、加工过程可以培养学生创作思维的全局性、整体性、系统性，培养学生加工操作过程中的安全责任意识，使其能严格遵守设备操作规定，提高安全防护能力，并能培养学生自主学习思维、工程能力素养，提高其动手创造、团队协作和解决问题的能力。

将激光切割引入校本课程主要有以下考虑：

①材料加工优势。依靠激光切割机，学生可以实现原来依靠手工制作难以实现的一些功能，如各种材料的高精度雕刻，从而将关注的重点放在设计和建造上，不再受到材料的制约。

②作品设计优势。激光切割技术高效的设计制作使得作品的各个部件可以随时调整和完善，学生可通过将切割出的部件实际拼搭，不断检验和迭代自己的设计。

③融合开源硬件优势。学生在利用激光切割结构时，可以结合开源硬件、无人机、3D打印等技术和产品部件，创作出集多元素、多功能于一体的具有工艺艺术性且更加实用的创客作品。

（2）激光切割创意制造课程设计框架

课时	教学主题	教学目标
01	自制徽章	认识激光切割机，学会使用软件的基本操作，锻炼手绘能力
02	木制眼镜	学会激光软件及机器的操作，锻炼动手能力和创新思维
03	笔筒	认识激光切割机，学会使用激光软件和图形处理基本操作
04	我家的大房子	学会激光软件及机器操作，锻炼动手能力和创新思维

115

续表

课时	教学主题	教学目标
05	三角龙	学会激光软件及机器操作，锻炼动手能力和创新思维
06	万花尺	学会激光软件及机器操作，锻炼动手能力和创新思维
07	我的专属投石车	学会激光软件及机器操作，锻炼动手能力和创新思维
08	沙漏水车	学会激光软件及机器操作，锻炼动手能力和创新思维

（二）STEAM跨学科实践课程

"小工匠实验室"设计是基于STEAM理念的跨学科实践课程。STEAM课程在学习任务或问题上的跨学科设计，能够让学生在更贴近真实的情境中综合运用多个学科的知识、技能、方法来完成任务或解决问题，从而起到不同于单一学科课程的教学效果。跨学科实践课程主要包括航空模型课程和创意制造课程，需要学生综合应用所学知识解决实际问题的能力，促进学生关键能力的形成。

1. 面向中高学段的航空模型课程

（1）航空模型课程设计思路

充分认识航模教学的优势才能更好地进行航模教学，而认识航模教学重要性的前提就是了解航空模型的作用。一般来说，航空模型主要有3个作用：其一，探索飞行奥秘；其二，普及航空知识；其三，蕴含丰富的跨学科知识。就小学教学而言，航空模型主要起到的作用是普及航空知识，而制作航空模型则是一个锻炼学生观察能力、动手能力和创新能力的过程。从学生看到模型飞机到把模型飞机制作出来，这其中会遇到许多问题，学生要在这个过程中发现问题和解决问题，充分发挥自身的思考能力。教师则要充分利用航空模型带来的优势，探索航模教学模式的实施过程，在教学中达到培养学生的创新实践能力的目标。

将航空模型引入校本课程主要有以下考虑：

①科普性。航模教学和普通的教学过程不同，不能只单纯给学生上科普课，围绕着航空模型的理论知识讲解展开。当然不是说不需要讲解理论知识，而是说将理论知识同实践结合，在实践中提升学生的理论理解。

②跨学科。通过学习，学生不仅掌握了简单的航空知识，如飞机的组成、飞机各部分的作用、风对飞行的影响、降落伞的种类和原理、发动机的功能与构造等，还懂得了很多复杂的工作原理，促进了学科知识之间的融合，进而提高了综合素养。

（2）航空模型课程设计框架

课时	教学主题	教学目标
01	万户飞天，航空鼻祖	初步掌握飞行器能飞起来的原理——伯努利定律
02	中国机长，平安返航	初步了解飞机的基本结构，掌握翼型的概念

续表

课时	教学主题	教学目标
03	猛龙歼十,谁与争锋	初步了解飞机重心和平衡的概念
04	抗疫先锋,逆风而行	初步了解橡筋势能转化为飞行动能的过程
05	冯如精神,空天报国	探究飞机重心对飞行的影响,探究橡筋圈数与飞行的关系等
06	长征火箭,神箭凌霄	通过实验探究苏打和醋的化学反应产生气体的现象,能量的转化过程
07	天外来客,登陆火星	通过实验进行阻力、重力的受力分析
08	东风北斗,扬我国威	通过实验探究牛顿第三定律作用力与反作用的关系
09	海豹巡逻,寸土不让	学习舰艇类在水中前进的原理、受力分析
10	南海蛟龙,中国深度	通过探究,学习浮力定律——阿基米德定律
11	解放精神,自强不息	通过制作学习齿轮传动原理
12	节能先锋,中国智造	通过实验了解在使用不同电池的情况下耗电速度的差异,了解马达的结构组成

2. 面向中高学段的创意制造课程

(1) 创意制造课程设计思路

创意设计课程的核心是开展项目式学习,使学生在参与项目的过程中掌握跨学科知识与技能,项目学习也就是问题解决的过程。在确定教学内容之后,就需要把内容转化为一个个可操作的教学项目。这些项目彼此之间既适度松散又紧密联系,构成一个系统的整体。其中,每个项目均围绕一个真实问题展开,并设计一系列建构性的探究活动(头脑风暴、方案设计、实践调研、作品制作等),以此来促进学生对知识和技能的理解与掌握。

将创意制造引入校本课程主要有以下考虑:

①基于跨学科的课程重构:虽然我国的课程标准经历了数次调整和改革,但目前仍存在课程与目标之间、教学目标与社会需求之间的不平衡问题。这一系列问题的根源追溯到课程体系上,主要表现为学科本位、学科科目过多,且学科之间缺乏有效整合的情况。这种学科知识碎片化、独立化的现状导致学生综合实践能力不足、学生片面发展等情况,不利于学生创新意识和创新能力的培养。

②基于问题的实践探究:创意设计校本课程的学习过程中,学生置于真实世界的实际问题情境之中,需要综合运用多种学科知识与技能,合作探究加以解决。

(2) 三年级创意制造课程设计框架

课时	教学主题	教学目标
01	交通信号灯	学习交通法律法规;学习认识交通标志;学习了解发明创造的步骤过程
02	中西餐饮文化	通过故事引出了解中西方餐饮文化的重要性;学习了如何加快溶解;观察面团长大的过程
03	我和时间交朋友	了解影子的产生及计时方式的发展;掌握时间转换的方法
04	神秘造纸术	了解蔡伦改进纸及改进方法;通过项目制作体验神奇的造纸术;提倡节约用纸
05	我家买新房子了	利用网格法计算面积,并且能够利用位置、方向知识确定方位;动手制作浮雕
06	植物与天气气候	了解不同环境中植物的特点;了解天气气候对于植物及人类的影响

续表

课时	教学主题	教学目标
07	造桥计划	了解不同种类桥梁的特点、组成和材料；利用模型搭建桥梁并测试承重
08	肥皂泡	通过发散讨论引出问题，学习泡泡的形成及颜色原理；组装手摇泡泡机，了解构造组成
09	生活中的材料——纸的探究	探索纸的性质；练习使用统计表格，学习数据汇总
10	无规矩不成方圆	了解提示卡的特点与用途；运用多种材料制作有创意的提示卡

（3）四年级创意制造课程设计框架

课时	教学主题	教学目标
01	灯泡亮了	了解电的重要性，形成节约用电，爱护环境的意识；通过项目制作知道电路的连接方式；提高爱护环境的意识
02	登月计划	了解月球概貌和探月历程；利用套装实现模型火箭发射过程；体会航天人团结合作、无私奉献、锲而不舍的精神
03	电热切割器	了解热传导，增加生活体验；通过搭建电热切割器感受热传导现象；增强动手能力及生活体验
04	调光台灯	观察台灯，分析台灯的结构及作用；通过台灯项目的制作，了解不同材料制作外观的特点；掌握照明灯的多种控制方式
05	寄情端午传承文化	了解端午节的习俗；通过制作龙舟感受传统文化的魅力；培养学生的爱国主义情感

续表

课时	教学主题	教学目标
06	扫地机器人	了解科技给人们生活带来的便利；掌握扫地机器人的工作原理；制作扫地机器人，减轻父母的负担
07	神奇的生物仿生	了解动物仿生学；通过《蝙蝠与雷达》学习超声波原理；将雷达技术进行应用制作倒车雷达
08	声音的传播	探究声音的传播方式；理解超声波的概念，明白蝙蝠与雷达的关系；通过实验学习真空无法传播声音
09	通信工具的变迁	了解学习通信工具的发展历程及变化；了解对讲机在生活中的应用；通过手工制作对讲机了解对讲机的构成及工作原理
10	智能灌溉	通过走进农业生产，感受生态农业科技的巨大魅力；通过搭建智能浇灌的模型了解项目制作的一般过程

（4）五年级创意制造课程设计框架

课时	教学主题	教学目标
01	我的身体	通过英语歌引入本节课，学习用英语描述身体的部位；了解我们的身体部位及功能
02	指南针	了解中国四大发明；了解指南针的发展和原理，方位与位置的认知，通过Micro:bit编程制作指南针

续表

课时	教学主题	教学目标
03	课本剧	了解中国四大名著，确定课本剧主题，发布项目流程；选择并学习改编课本剧的方法，通过学习拍摄和视频剪辑将最终的作品以视频形式呈现
04	美妙声音自己录	利用电脑软件录制对校园生活的描述；利用录音模块进行情境创设，设计贺卡等作品
05	语音唤醒世界	了解物联网应用；了解物联网的应用原理；利用几何图形制作作品外观；制作语音控制开关灯；感受智能家居带来的便利
06	航行的秘密	赏析课文《威尼斯小艇》，引发对航行的秘密的探讨；探讨物体的浮沉，讨论造成物体沉浮的原因；制作锡纸船并进行下水测试
07	电子相册	回忆校园生活，制作成长纪念册；学习运用PPT制作一个电子相册
08	我的节日我策划	了解传统节日的儿歌；了解传统节日的习俗及其由来，并进行节日策划；结合传统节日的习俗及特点制作贺卡
09	智能垃圾桶	提高保护环境的意识，学习垃圾分类知识；了解爱护环境的方法；绘制爱护家园的图画
10	四季之美	介绍一年四季；探索古人观测四季的方法；欣赏四季中的最美时刻；了解不同季节的特点；利用 Scraino 软件制作"我喜欢的季节"

（三）"小工匠实验室"社会大课堂拓展课程

STEAM本身就是一种教育理念，有别于传统的单学科、重书本知识的教育方式，而是一种重实践、解决实际问题的超学科教育概念。烟台经济技术开发区拥有富有特色的创新教育社会资源，如3D时空、腾讯新工科研究院、创基梦工厂等科技研学基地，引导学生走出课堂，走进真实的科技企业。学生边观察边学习、边学习边操作、边操作边体验、边体验边探究、边探究边创设、边创设边提高，通过形式多样的体验活动，感受科技与生活的密切关系，激发学习科技创新解决问题的愿望。在大量的科技拓展实践中，学校逐渐积累形成了科技生活和社会课堂两种拓展课程，指导学生的创新实践学习过程。

开放是创新教育的一个特点，社会实践是学校创新教育的必要延伸和补充，为此我们十分重视社会创新教育的开发和利用，使学校创新教育与社会发展紧密结合起来，为学生自主学习、探究创造条件，拓展学生进行实践、考察、调查等方面的渠道。我们以科技创新、触碰社会为方向，组织学生到高科技企业、科技展览等参观学习，聘请校外辅导员进校举行创新教育活动，推动举办校外科技活动、竞赛等，实现了创新课堂的"社会化"。

"小工匠实验室"社会大课堂课程的建设必须着眼于应用。学校充分发挥区域内高科技企业、院校多的优势，在应用方面初步探索了一些有效途径。"小工匠实验室"社会大课堂的建设与应用，为整体推进科技育人、创新育人、全面育人提供了强有力的保证。

①联体共建："小工匠实验室"长期聘请高校教师、优秀企业代表，与他们合作组建学生专业社团，联合组织活动。

②项目带动：我校承担国家级信息化教学实验区试点学校"跨学科视角下的STEAM校本课程开发实践研究"项目。我们与企业进行深度合作，构建特色的社会大课堂资源。

三、创新实验室 STEAM 课程案例

（一）信息素养提升课程案例

"3D 创意之篮球"教案

课程阶段	五年级	课程类型	3D One 创意设计课程	课程名称	3D 创意之篮球
授课时间	1 课时	教师		班级	
教学目标	\multicolumn{5}{l	}{1. 掌握利用【草图编辑】命令中的偏移曲线、修剪工具。 2. 掌握【特征造型】中的实体分割工具。 3. 掌握【基本编辑】中的缩放工具。}
教学重点	\multicolumn{5}{l	}{实体分割工具的使用。}
教学难点	\multicolumn{5}{l	}{偏移曲线、修剪工具的灵活使用。}
教学准备	\multicolumn{5}{l	}{计算机设备、3D One。}
教学方法	\multicolumn{5}{l	}{启发式教学与动手实操相结合。}

续表

教学过程	1. 绘制篮球球体步骤。 （1）单击文件菜单，新建一个文件。单击【基本实体】→【球体】，单击视图导航器的【上】对正视图，绘制半径为40毫米的球体。 （2）单击视图导航器的【上】对正视图，以网格面为绘制平面，通过球体中心，绘制十字线。利用【草图编辑】中的修剪工具，将不需要的线去掉。使用偏移曲线工具，将所有线全部偏移。利用镜像工具将左边的弧线，镜像到右边。  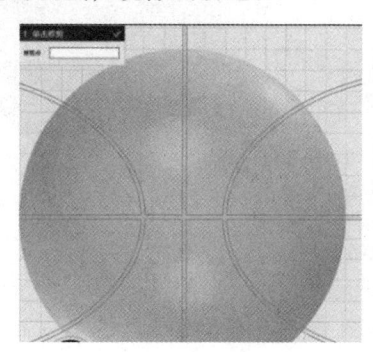 （3）单击【特殊功能】→【实体分割】，选中球体，即可完成实体分割。 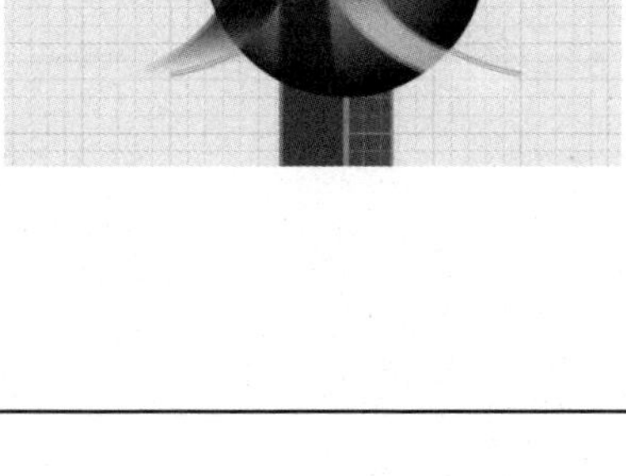 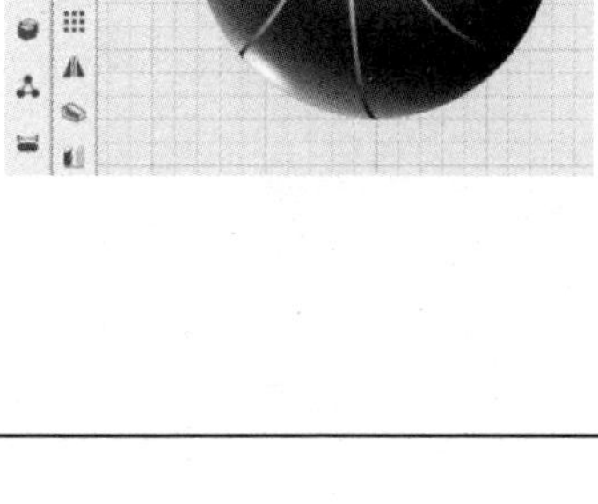

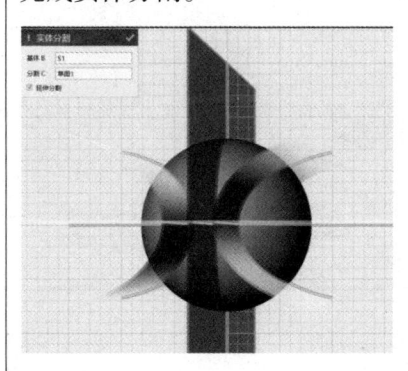

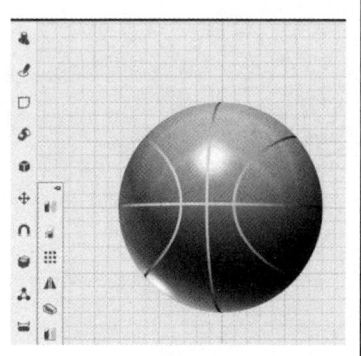

续表

教学过程	（4）单击【基本编辑】→【缩放】，然后单击要缩放的造型。修饰、渲染模型，要先利用【渲染】对造型进行渲染，再单击【特征造型】→【圆角】，对造型进行修饰，再利用【渲染】对剩余造型进行渲染。 2.【拓展练习】设计一个排球。
总结	
教后反思	

（二）STEAM 跨学科实践课程案例

"猛龙歼十，谁与争锋"教案

课程阶段	三年级	课程类型	航空模型课程	课程名称	猛龙歼十，谁与争锋
授课时间	2课时	教师		班级	
教学目标		1. 了解我国第一架自主研发的战斗机——"歼十"。 2. 学习歼十总设计师宋文骢及其团队排除万难的科研精神。 3. 初步掌握"猛龙歼十"手掷战斗机的制作及放飞。 4. 初步了解飞机重心和平衡的概念。			
教学重点	初步了解飞机重心和平衡的概念。				
教学难点	初步了解飞机重心和平衡的概念。				
教学准备	1. 每人一套器材——"猛龙歼十"手掷战斗机。 2. 课程PPT、教学视频。 3. 场地：航空航天模型科普体验场地（高度可调）。				
教学方法	启发式教学与动手实操相结合。				

127

续表

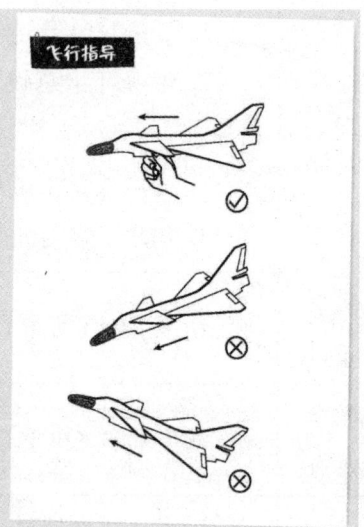

教学过程	【课堂任务】 1. 讲述我国第一架自主研发的战斗机——"歼十"的故事。 2. 体会并学习"歼十"总设计师宋文骢及其团队排除万难的科研精神。 3. 制作模型及放飞。 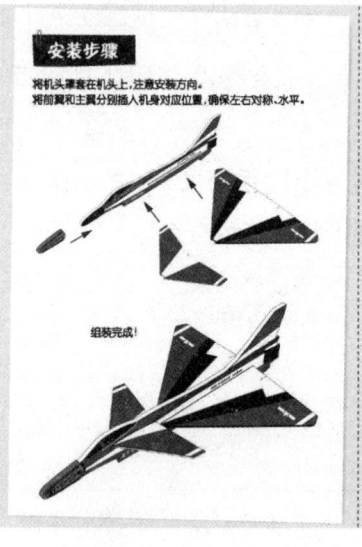 4. 学习飞机重心和平衡的概念。 【拓展练习】 1. 练习手掷飞机的出手姿势。 2. 思考影响飞机留空时间的因素有哪些。
总结	
教后反思	

(三) 社会大课堂案例

1. "我心中的航天梦"研学活动

学习航天精神，唱响爱国情怀

——记第六小学航天科普研学旅行活动

春日暖阳映大地，飞天伟梦壮中华。2019年3月26日下午，第六小学组织全体师生开启了主题为"学习航天精神，唱响爱国情怀"的科普研学之旅。

研学前，学校成立了研学领导小组，在安全预案、活动准备等方面对老师进行了培训。同时，各班主任利用班会课提前带领学生们初步了解了一些航天知识，也为每一位同学制订了研学旅行手册，方便学生研学过程中解决问题和学习知识。

围绕"走近科学家，领略伟人魅力"的主题，师生参观了"两弹一星""走进钱学森"的展区。同学们在讲解员的带领下，认真聆听着那些为我国航天事业做出巨大贡献的科学家们的故事。

师生走进探月工程展区。当讲解员讲到了我国探月技术越来越发达的时候，学生间响起一片赞叹声。当看到曾经在电视上出现过的"玉兔"车时，同学们争相观望，激动不已。月球秤可神奇啦！同学们站在上面可以知道自己在月球上的体重呢。大家纷纷上前称重，当得知自己在月球上只有几斤的时候，大家惊讶极了。

师生到了火箭家族和卫星展区。在这里，了解了中国火箭的发展，大家心中也是满满的自豪。最吸引大家的是火箭模拟发射，大家静静地站在它的面前，等待着激动人心时刻的到来。当讲解员告诉大家眼前的返回舱就是中国航天员乘坐过的"驾驶室"时，大家的脸上写满了震惊。

师生走进展览馆的体验区。在体验区，展览馆为大家准备了各种各样的体验项目："X战机""天宫二号VR互动影院""HTC互动舞台""爱国号军舰""观摩神舟飞船模拟仓"……这些体验，让同学们兴奋不已，

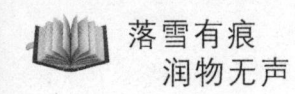

开阔了眼界，感受了科技的魅力。

最后，同学们在明老师的带领下诵读了《少年中国说》，铿锵有力的声音传递着大家对祖国日益强盛的自豪。郭老师和同学们带来的歌曲快闪《我和我的祖国》，将研学之旅推向了高潮。在歌声中，同学们传递着对航天梦的美好憧憬。

这次研学之旅，让同学们明白中国航天事业的飞速发展离不开科学家们的刻苦钻研，离不开航天员的艰苦训练，更离不开每个人对祖国的热爱。浩瀚星空，探索不止。相信通过此次活动，航天之梦的种子已悄然在学生们的心中生根发芽，梦想的力量也会推动每一个学生在未来的人生之路上越走越远。

2. 学生实践成果

航天馆之行

四年级一班　邹筱涵

随着科学技术的发展，航天事业会变得越来越发达。

2018年12月8日，"嫦娥四号"成功发射。在航天馆里还有"嫦娥四号"的模型和如何发射的演示。"嫦娥四号"发射的每一步都是那么仔细。

航天馆里不仅有"嫦娥四号"的模型，还有模拟航天体验。坐在上面戴上3D眼镜，可以看到宇宙中的星球在眼前飞过，这种感觉非常刺激。

中国科学家发明的"嫦娥四号"让我们每一位中国人都特别骄傲和自豪。相信中国科学家，相信中国科技的发展，我们的航天事业会越来越好，越来越发达。

航天展体验游

五年级二班　张安琪

这天，阳光明媚，风和日丽。我们乘着大巴车，举着小旗子，伴随着欢快的歌声，很快来到了航天科技馆。

我们排着队走进大厅,乘电梯上了三楼。首先参观的是航空知识展览区。跟着讲解员,我们认识了中国载人航天的奠基人——钱学森,也是中国科学院及中国工程院院士,可以说,没有他就没有中国的"两弹一星"。更值得骄傲的是,中国的"嫦娥四号"成功完成世界首次在月球背面软着陆的创举。

接着往前走,讲解员指着太阳系的模型给我们普及了有关太阳系的知识:太阳系是一个受太阳引力约束在一起的行星系统,包括八大行星以及无数的卫星和太阳系小天体;太阳系内大部分的质量都集中于太阳。

参观完展览区,我们来到体验区。我体验的是一个左右摇摆的机器,坐在上面带上3D眼罩,然后机器就开始运转,好像在游乐园里玩儿的大摆锤。眼前出现两排树和行人的场景,随着机器晃动,树和人也跟着动起来,犹如身临其境,刺激极了!

参观完后,我们居然见到了中国英雄航天员王亚平老师。王亚平老师还在我们的队旗上签了名,和我们一起合影留念。多么有意义的一次课外活动啊,令我们受益匪浅!

走进航天科技馆

三年级五班　律华成

阳光灿烂,我们怀着兴奋和激动的心情,在老师的带领下经过两个小时左右的车程,来到了航天科技馆。

在讲解员的引领下,我们参观了航天火箭,从"嫦娥一号"到"嫦娥四号"。看到到处充满科技光环的物体,我们就像新生儿来到世界一样满眼都是好奇。大家争先恐后地体验。我们来到有许多座椅的地方,系上安全带,戴上神奇的眼镜,开始了一段奇妙之旅。我们感觉像荡秋千一样大幅度左右摇摆,看到了城市的很多角落。原来这是飞翔的感觉,忽上忽下地游走在城市上空。

每一个体验项目都人山人海,我还参加了一个起飞降落时的体验,感觉气体就在身后推你升空,又忽然降落,非常刺激和惊险。我感觉时间过得太快了,好像才刚开始就结束了。我和同学们互相分享着体验,兴奋不已。

通过这次活动,我开阔了眼界,知道了我们还有很多知识要学习。真希望学校多组织这样的活动,我还想再去一次。

四、基于 STEAM 理念的创新课程实施与评价实践

我们以校本课程"智能浇花系统"为例,对基于 STEAM 教育理念的创客课程的教学分析、具体教学流程进行说明,通过实例说明"小工匠实验室"创新课程更能促进学生跨学科思维的养成,提升学生综合性能力,促进学生全面发展。

(一)基于 STEAM 教育理念的创客课程的教学过程

1. 课程目标

教师通过对创客课程内容的把握,融入 STEAM 教育理念,明确课程三维目标,使学生对这节课的内容有较为清晰的认识。

2. 问题导入

有趣生动的课堂导入是一节课教学成功的开始。STEAM 教育重视真实情境中的问题解决与项目完成,因此需要为学生提供贴近生活的学习情境,发挥创造性思维。

3. 问题分析

教师引导学生分析上一阶段的问题,进而参与到问题的解决。教师还要引导学生以多角度、多方面看待问题,促进学生深层次学习。

4. 实践合作

小组合作共同设计出一个解决问题的方案。该方案通过小组交流后，学生们要动手实践，并验证问题是否解决。

5. 成果展示

成果展示是将学生的作品对外展览、交流的过程。每个小组分别上台进行成果展示，台下的小组评价这一组的优势与不足，并提出改进建议。

6. 交流评价

该环节分为3个小环节，分别为教师评价、学生互评以及自我评价。教师评价主要从学生的思路以及创新点进行指正和点评。学生互评是学习其他同学的思路及方法，能够为下次探究提供一个新的思考方法。自我评价的目的是找出自己在本次过程中的不足之处，避免下次出现同样的错误。

（二）基于STEAM教育理念的创客课程的教学案例

以"智能浇花系统"的设计和开发为例，分析基于STEAM教育的创客课堂教学过程。

1. 发现问题

植物的生存需要一定的条件，例如水、温度、光照等。但是，主人疏于照料，很少给植物浇水，植物极易枯萎。基于这样的真实生活情境，学生该如何解决这一问题？

2. 设计解决方案

（1）问题分析，确定项目主题

将问题进行解析，引发学生思考；提出利用技术解决问题的想法，确定项目主题：制作智能浇花系统。

(2)课程安排

根据 STEAM 教育理念中的工程思维，设置了 5 课时，每课时 40 分钟。

3. 动手实践

首先，引导学生自主学习，通过网络查询的方式了解不同植物对水分的需求以及所需各元件的功能和特点，并填写记录表。

其次，教授学生每个电子元件的程序编写，如土壤湿度传感器的数据读取。各小组讨论分析得出"智能浇花系统"的工作原理，并编写程序。

再次，提醒学生要首先考虑元件的安装位置，讨论制作草图，根据草图进行模型制作。

最后，各小组成员需要将软硬件组装起来，将模型和 UNO 主控板、传感器等电子元件搭建成能真正解决问题的产品"智能浇花系统"。

4. 展示与评价

成果展示是将学生的作品对外展览、交流的过程。每个小组分别上台进行成果展示，台下的小组评价这一组的优势与不足，并提出改进建议。

为了对学生能力进行综合考量，本课程从自我评价、学生互评、教师评价、创新思维、成果展示等多个维度对学生的学习进行评价。

评价指标	权重	评价等级及分值		
		A（5分）	B（4分）	C（5分）
自我评价	20%	积极参加本次课程，运用跨学科知识解决问题	愿意参加本次课程，解决了问题	参不参加本次课程无所谓，未能解决问题
学生互评	20%	设备连接正常，熟练使用 Mind + 编写程序，能有效控制设备	设备连接正常，使用 Mind + 编写程序正确，能够控制设备	设备连接正常，程序编写错误，不能控制设备

续表

评价指标	权重	评价等级及分值		
		A（5分）	B（4分）	C（5分）
教师评价	20%	在实践中，能熟练使用主控板、Mind+、土壤湿度传感器进行智能浇花	在实践中，能使用主控板、Mind+、土壤湿度传感器进行智能浇花	在实践中，不能使用主控板、Mind+、土壤湿度传感器进行智能浇花
创新思维	25%	善于提问，勇于创新，所提建议创新、合理	用于提出不懂的问题，部分建议创新、合理	提问不多，个别建议创新
成果展示	15%	报告清晰展示了设备连接过程，并能说出其中的原理	报告基本展示了设备连接过程，小组合作共同说出其中的原理	报告能够展现设备连接过程，对其中的原理解释还有待加强

（三）课程实施与评价实践结论

以STEAM为基础教学理念的创客教育教学模式，实现了跨学科的融合。通过这样的学习方式，学生养成了综合应用工程、科学、艺术等学科知识解决问题的意识，有效锻炼了实践能力，拓展了创造性思维。

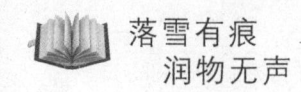

第三节 以创新素养提升为核心的"小工匠实验室"创新教育成效

创新素养的实质是创造性,而创造性是指根据一定的目的,运用一切已知信息,产生出某种新颖、独特、有社会意义或个人价值的产品的智力品质。创新素养是学生应具备的适应终身发展和社会发展需要的创新品格和创新能力。基于 STEAM 理念的"小工匠创新教育",通过建设创新实验环境、建构完善的创新课程体系、实施全面的创新教育活动、探索核心素养导向的创新教育评价等活动,全面培养学生的创新能力,促进其创新品格的形成。

STEAM 教育是一种跨学科、综合性的教育理念,培养学生从一种综合的角度看待世界,以一种创新的方式改造世界,指向学生的全面发展和增强对未来生活的适应性。而核心素养则旨在培养全面发展的人、有社会生存能力的人,这与 STEAM 教育理念不谋而合。当前的教育改革大趋势为 STEAM 教育与核心素养的对接提供了可能性。创新素养是学生应具备的适应终身发展和社会发展需要的创新品格和创新能力,它是学生核心素养的"核心"成分之一。学校创新教育改革目的就是为了提升学生的创新素养,而 STEAM 理念是一条最为重要的理念。

在创新教育的不断探索实践中,教师通过提升数字化和信息化胜任能力,尝试探索学科教育的内在关联性,提升自身创新交互能力。在学生培育方面,教师应运用恰当的方式创设紧扣课程主题的情境来激发学生想象力，注重交叉渗透学科知识，培养学生的批判性思维，充分发挥学习者的创造能力。在教学过程中，教师通过组织项目化的学习活动，促进学习共同体构建，为学生核心素养的形成搭建真实的学习情境，在以学生为中心的 STEAM 教育理念支持下，全面提升学生能力和素养。

一、创新教育实践生成学生创新关键能力

中小学生具有强烈的好奇心，而这种好奇是求知的动力，是学生学习主动性和积极性的源泉，是创新精神的原动力。

（一）学习兴趣点燃学生创新思维的火花

在 STEAM 教育理念的引领下，基于信息技术设计项目化的主题学习活动，创新教育将书本知识的学习转变为对生活中具体问题的解决，将知识学习转变为能力运用，将枯燥的、机械化的材料转变为有活动、有意义的现实具体问题。学生在实践任务中需要综合运用自己所学的知识，在总结、反思与改进中发展批判性思维。这为学生创新能力的形成提供了实践场域。

基于项目和基于问题的学习充分激发了学生对于知识的渴望和对于学习的兴趣，使学生能够自发地参与到创新实践学习中，帮助学生抓住关键问题，寻找、创造新办法。"兴趣是最好的老师"，通过兴趣驱动的学习获得了相应知识后，学生就会不断对这些知识进行整合，建立自己的知识体系，生成他们在科技迅速变化背景下进行创造性发展的能力。

（二）真实学习情境助力学生创新思维发展

"小工匠实验室"创新实践中，我们充分利用本地教育资源，为学生设计生活化的真实情况，通过开发系统的课程体系，让学生完整经历智慧"生长"的全过程。学校引入新工具、新技术，如激光切割、航空模型、人工智能等，对接社会的发展与变迁，充分激发学生的学习兴趣，助推学

习活动的开展。

创新实验室主题化的系列课程以基于项目的学习、问题导向的学习认识世界，以综合创新的形式改造世界，培养学生解决问题的创新能力。实境是指问题的真实性、情境性。现实生活中碰到的问题远超过课桌上的题目，每一个实境问题都是综合性的，是需要运用跨学科知识才能解决的。

在教学过程中，教师有意识地创设实境，通过与学生生活的积极关联，提出一些与所学知识有关的富有启发性的问题，将学生引入情境之中，容易激发学生学习的动机，培养学生学习的兴趣，调动学生创新的积极性，让学生在动手操作的过程中思考"发现问题、解决问题"的方法，亲身感受学习的乐趣，提高学生的创新思维能力。

（三）批判性思维是学生创新的永动马达

"疑"是思维的开端，是思维的导火索，是学生学习的内驱力，它能使学生的求知欲由潜在状态转入活跃状态，是创新的基础。在教学过程中，教师要提倡学生思维的批判性，要积极倡导"没有错误的问题，只有不完善的答案"，以此激发学生的批判性、发散性思维，从而进一步增强学生的创新意识。

事实上，质疑是创造思维的首要条件，小疑则小进，大疑则大进，有疑方能创新。因此，教育者应鼓励学生大胆质疑，培养学生善于质疑的思维品质，激发学生的创新热情。

（四）序列化项目式学习生成学生创新的关键能力

STEAM项目式学习通过"以用促学，在用中学"的方式，在完成特定的任务中，将"学"与"用"合二为一，并采取科学研究方法，综合运用跨学科知识，发展逻辑思维，按照项目驱动方式组织研究和实践活动任务，在探究学习中让学生带着实际问题去思考解决方案，发散学生思维，从而培养学生的创新实践能力。

在"小工匠实验室"基于STEAM理念的创新学习中，学生在其中自由、开放地获得STEAM学习所需要的各项资源，获得技术支撑和导师支持，很好地激发了兴趣，在活动中生成创造力和应用能力，以及合作学习、解决问题的能力。学生将自己已有的知识和能力用于实践，把一个个创意变成现实。

创新实验室中的创意共享区、创作体验区、设计创造区、创新交流区、成果展示区为学生开展项目学习提供了保障。学生们在协作中综合运用知识、提升情商、了解自我、开展分享，真正体现了创新教育所重视的核心素养。序列化项目式学习无疑是学习者创新素养培育和发展的保障，也是STEAM教育和创新型人才所要实现的目标。

（五）STEAM理念下的创新教育成果

1."小工匠"作品赏析一

创作时间	2017年1月	团队成员	由易（五）
作品名称	鱼缸自动供水装置		
硬件构建	Arduino UNO、水位传感器、直电水泵		
软件平台	ArduBlock		
竞赛名称	区首届创客大赛	成绩	一等奖

续表

创意作品结构	
制作过程	
竞赛现场	

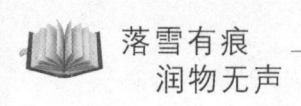

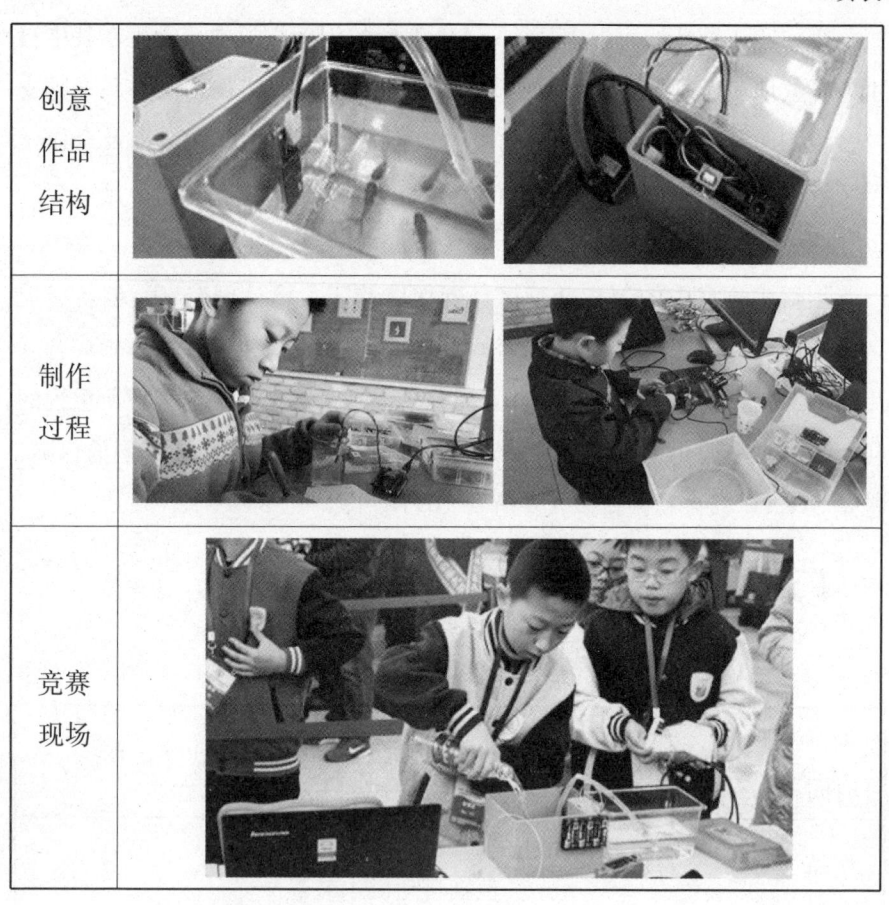

2. "小工匠"作品赏析二

创作时间	2017年1月	团队成员	王潇（五）
作品名称	飞向深空			
硬件构建	3D打印机			
软件平台	3D One			

续表

竞赛名称	区首届创客大赛	成绩	一等奖
创意作品结构			（效果1） （效果2）
竞赛现场			

3. "小工匠"作品赏析三

创作时间	2017年12月	团队成员	邹宗翰（四）
作品名称	创意多功能存钱机器人		

续表

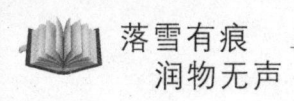

硬件构建	Micro:bit 智能板、舵机、压舌棒、硬纸板		
软件平台	Micro:bit IDE		
竞赛名称	市中小学生创意大赛	成绩	一等奖
创意作品结构			
制作过程			
竞赛现场			

142

续表

| 作品说明 | 本作品运用了一个简单而有效的智慧硬件 Micro:bit 和舵机来实现存钱罐的智能化、多功能化。将硬币放置到投币盘中，"小怪兽"便将硬币"吃进"肚子里。此时，显示面板上出现跳动的爱心，同时显示当前的总额，并且总额可以自动累加。随着金额的增加，显示面板上的柱状图会随之升高；当金额达到一定数额时，柱状图便会充满整个显示面板。 |

4. "小工匠"作品赏析四

创作时间	2018 年 5 月	团队成员	牟逸凡　王颂博 于子皓　赵恩惠
作品名称	智能运动场			
硬件构建	门禁模块：Wi-Fi、舵机、NFC 天气预报模块：温湿度传感器、Wi-Fi、OLED 显示屏 心率检测模块：姿态、Wi-Fi、OLED 显示屏、心率传感器、触摸传感器 计时模块：超声波传感器、手势传感器			
软件平台	Scraino			
竞赛名称	市 iCAN 大赛	成绩	一等奖	

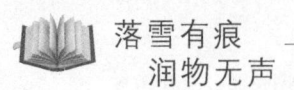

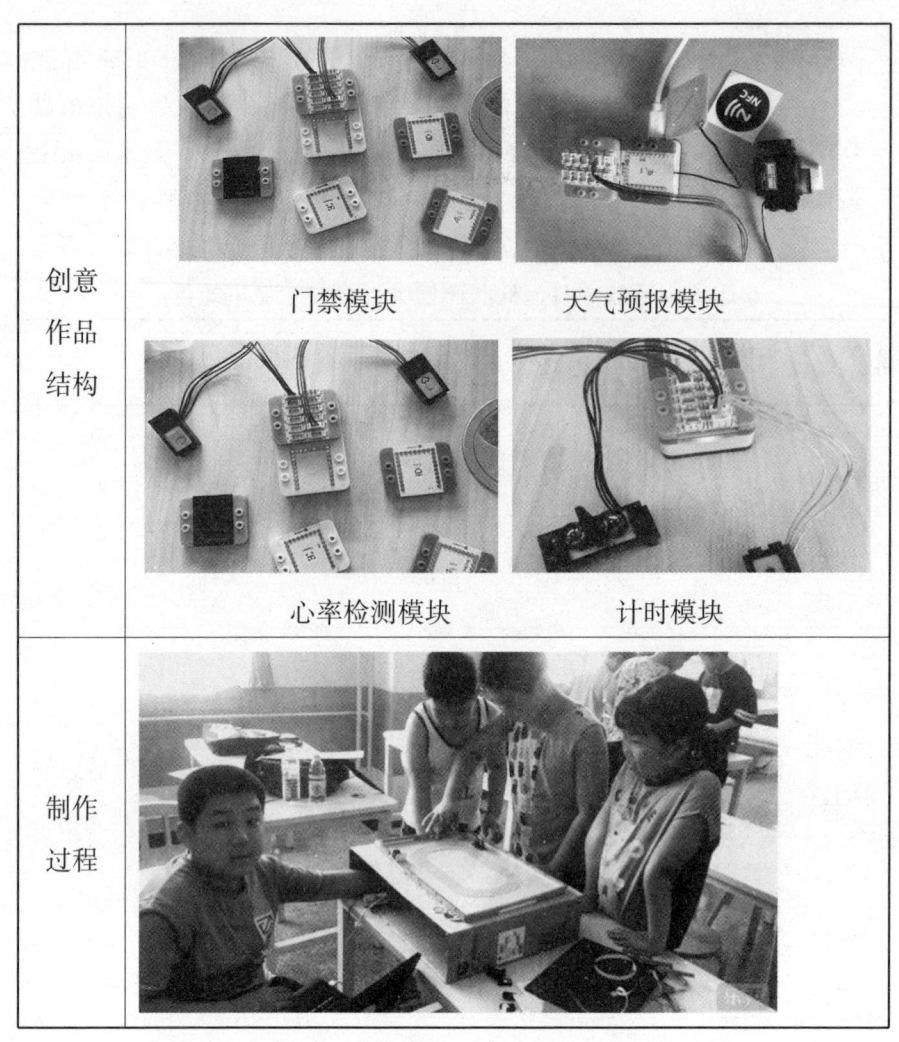

续表

创意作品结构	门禁模块　　　　　　天气预报模块 心率检测模块　　　　　计时模块
制作过程	

续表

作品说明	现在天气多变，经常出现不适合室外体育的情况，而且体育课上教师难以及时掌握学生缺课情况和运动过程中的意外因素。因此，我们要设计一款产品，可以将天气情况、学生运动过程中的心率变化情况和体能爆发力的情况同步反映到教师的手机上，便于教师及时了解信息，采取相应措施。这款产品的功能主要有： （1）帮助教师随时关注运动中学生的心率变化情况，防止意外发生； （2）有针对性地提醒体育教师上课类型； （3）帮助体育教师择优选拔运动员，有针对性地进行培养； （4）防止学生私自离开操场，杜绝安全隐患。

5. "小工匠"作品赏析五

创作时间	2019年12月	团队成员	冷雨泽 冯世博
作品名称	会模仿衣服颜色的音乐墙			
硬件构建	Micro:bit 主板、Micro:bit 扩展板、LED 灯带、颜色识别传感器			
软件平台	Mind+			

续表

竞赛名称	烟台市第六届创新大赛	成绩	一等奖
制作过程			
作品结构图	会模仿衣服颜色的音乐墙项目连接图 Micro:bit主板　LED灯带　Micro:bit扩展板　颜色识别传感器		
作品说明	最近我们接触了可以进行颜色识别的传感器，突然有这样一个想法：设计一面墙，墙可以随着经过的人的衣服颜色自动切换颜色，并发出不同的音乐。把这个装置放置在校园中，同学们上学时就会感受到这面墙特殊的欢迎方式。我想把这个装置安装在学校门口，让同学们每天上学后都能有好的心情，每天用不同的颜色，编奏出不同的歌曲。 　　我的制作步骤是：首先，让传感器学习不同颜色，并为不同的颜色设置代码。然后，尝试编写控制程序。如果传感器发现并成功识别颜色，就与学习结果进行对比。如果对比成功，就让灯带发出同样的色光，依次点亮和熄灭，同时发出颜色设置的声音。		

6. "小工匠"作品赏析六

创作时间	2019 年 12 月	团队成员	薛元康 张辛琦
作品名称	基于物联网的家庭绿植小伙伴		
硬件构建	Arduino UNO 与扩展板、土壤传感器、LED 屏、继电器模块和水泵		
软件平台	Mind +		
竞赛名称	烟台市第六届创新大赛	成绩	一等奖
制作过程			
作品结构图			

基于物联网的家庭绿植小伙伴项目连接图

I2C 液晶显示屏
UNO 扩展板
LED
5V水泵
UNO 主板
继电器
物联网模块

续表

作品说明	我们接触到了物联网的相关知识，萌发了为这些小绿植设计一套浇水装置的想法。这套装置会在土壤缺少水分时，提醒妈妈为小绿植浇水；在家人外出游玩的时候，它可以提供土壤水分的情况，也可以通过物联网直接为绿植浇水。 将土壤传感器插入土壤中，就获取土壤水分数值。如果土壤水分含量高于 500，显示器显示"I am full"；如果低于 500，显示器显示"I am thirsty"。装置通过物联网向我们发出信息，我们收到信息时，可以通过发送"浇水"命令，让水泵为绿植浇水。 我们先把土壤传感器插到较湿的土壤中，显示信息"I am full"；再把土壤传感器插入较干的土壤中，显示信息"I am thirsty"。我们打开物联网平台，看到提示信息，发出"浇水"指令，水泵就开始为绿植浇水了。 我希望在将来，我能使用物联网去解决更多生活中的小问题，让我用学到的知识更好地帮助我的家人。

7. "小工匠"作品赏析七

创作时间	2019 年 12 月	团队成员	牟逸凡
作品名称	陌生人报警和远程开门装置			
硬件构建	人脸识别的传感器、物联网模块、舵机、LED 灯、Arduino UNO 主控制板、扩展板			
软件平台	Mind +			

续表

竞赛名称	烟台市第六届创新大赛	成绩	一等奖
制作过程			
作品结构图	陌生人报警和远程开门装置项目连接图 人脸识别传感器、UNO 扩展板、LED、舵机、UNO 主板、物联网模块		
作品说明	为陌生人开门是一件非常危险的事情，我想设计制作一种装置，可以识别门外的人是不是陌生人，并给出相应的提醒。当家中无人的时候，装置对门外的人进行识别，并向我们发出相应的信息；如果需要，它也可以提供远程开门的功能。 使用人脸识别传感器记录家庭成员的面部，然后将传感器中采集到的人脸进行比对。如果比对成功，LED 灯显示绿色；如果比对失败，灯显示为红色，并通过物联网向我们发出提醒。当我们需要远程开门时，通过物联网发出"开门"指令，舵机就会控制门打开。		

8. "小工匠"作品赏析八

创作时间	2019年5月	团队成员	杨雨泽
作品名称	环卫小助手		
硬件构建	mBot、LED灯、光线传感器、蜂鸣器		
软件平台	mBlock		
竞赛名称	第35届烟台市青少年科技创新大赛	成绩	一等奖
制作过程			
作品结构图			

9. "小工匠"作品赏析九

创作时间	2018年5月	团队成员	黎航
作品名称	太空资源研究中心		
硬件构建	3D打印机		
软件平台	3D One		
竞赛名称	山东省创客大赛	成绩	一等奖
作品结构图			
作品说明	未来，人类将自己的脚步踏入太空，中国也将在火星上建设自己的资源研究中心。为解决人类资源减少的问题，我根据火星特点设计了"太空资源研究中心"这件作品。在这个设计中，我采用了模块化设计，所有的建筑都是由一种基本体拼接，每个模块中可以进行不同的人类活动，也可以根据地形和需要任意组合。建筑中人类活动分成不同的区域，我还为人类的活动设计了往返飞船。 我的设计过程主要依靠3D One软件完成，我基于火箭的基本形状设计了可以自由拼接的建筑结构，采用阵列和镜像进行复制和组合，帮助人类在火星上进行资源研究。		

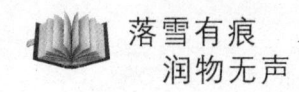

二、创新教育实践助力教师专业成长

STEAM 作为一种创新教育的基本理念,要求注重培养学生综合运用多学科知识的能力,这就对教师的知识技能和素养提出了一系列要求。在知识结构方面,教师不仅要具有扎实渊博的知识素养,还要善于旁征博引,恰如其分地对学生加以指导;不仅要精通 STEAM 教育基础理论和理念,还需要掌握 STEAM 主题课程的相关知识,如创意编程、3D 设计与打印和传感器的应用等,并能够体悟课程的价值意蕴。在教学技能方面,教师应具备运用清晰顺畅的语言引导学生高效习得知识,同时迁移和整合自身知识,培养学生整合学习内容和学习思维的能力;教师能够不断更新教学内容,高效整合有用的教学资源,准确把握教学目标和教学主题,确保灵活顺畅地组织创新教育活动,探索提升学生核心素养的新路径。

(一)多元教研活动,助力教师发展

STEAM 教育理念重视学生的综合能力发展,是基于多种学科知识点的综合运用能力培养。专业教师在除本专业学科知识点之外,还要引导学生掌握知识迁移。这也是对专业教师的基本要求。创新教育作为跨学科整合的教育,对于分科专业性高的教师队伍来说是一个挑战。学校创新性地提出多学科专业教师共同教研以促进创新教育发展的理念。创新教研组的 6 位优秀年轻教师来自语文、数学、科学、美术、信息技术 5 个学科,他们专业能力突出、自我要求高、学习能力强、合作意识与创新意识强。

1. 基于课程实施为核心的集体备课活动

从确定主题和开展形式,到人员安排与教具准备,再到教学设计与教学研讨,最后项目实施与反思总结。每个项目计划完备,合作实施效果好,并能及时做到总结反思、归档。教师们通过教研不断改进教学,充实教学内容,提高教学效果。

2. 基于专业成长为核心的教师研训活动

教师团队是 STEAM 课程开发与实施的基础。因此，精英教师团队的打造是学校 STEAM 课程开展的重中之重。我们主要以集体学习与自学相结合的形式，坚持"引进来，走出去"原则进行全方位学习，让教师通过多种渠道接受前沿信息，更新知识结构，开阔学术视野，转变教育教学观念，端正教育教学思想。

（1）专家引领

我校邀请各界 STEAM 课程研究机构、专家学者来校分享经验，对 STEAM 课程小组成员进行科学、工程和信息技术方面的培训，让成员在课程开发和实施过程中游刃有余，激发更多创意。

（2）拓展平台

每个学期，我校创设条件让组内教师积极参加各级各类 STEAM 论坛、分享会、研讨会。每次的学习培训活动结束，教师们积极反思总结，并通过组织组内研讨会，围绕培训内容展开教研活动。

（二）内外联动教研，资源共建共享

1. 企业技术支持的联动教研

我校与高科技企业围绕 STEAM 课程规划、建设展开深入合作交流，基于开源硬件、航空模型、激光切割技术等项目，展开课堂共建共享。教研组邀请高科技公司技术人员参与到组内的教研活动中，对项目中的技术难点进行培训指导，提高团队课程开放的进程，保证教育资源利用的最大化。

2. 高校共建项目的联动教研

我校长期聘请高校教授担任学校的创新教育导师，组织教师参与深度学习，积极探索联动教研新模式。通过学习先进的教育理念，共享优秀的教学案例，达成教学方法共享、教学项目共享的目的，并为后续线上教研奠定基础。

"小工匠实验室"团队以项目式开展主题教研,将数学、科学、技术、工程和艺术5个学科进行跨学科整合,以整合的教学方式解决真实的问题。在培养学生的跨学科思维和创造力的同时,备课组教师们将跨学科的思想无形中渗入日常的学科教研教学中,也在不断地自我成长。

(三) STEAM 理念下的创新教育成果

教师优秀创新课堂案例1:旋转吧,风车

授课时间

1课时

教学准备

1. 教师部分:教师机、课件、实物投影。

2. 学生部分10组(学生机、能力风暴203套装、A4活动卡片)。

教学目标

1. 学会使用基于立方体的结构应用。

2. 掌握使用控制器控制电机的运行。

3. 尝试使用设计程序的方式,实现风车的智慧运行。

教学重点与难点

尝试使用设计程序,实现购车的智慧运行。

教学过程

一、导入新课

同学们好,欢迎来到能力风暴机器人星球,大家喜欢玩风车吗?你会做风车吗?你的风车是用什么材料制作的?(纸……)大家知道有个国家被称为"风车之国"吗?(荷兰)800多年前,荷兰人开始利用高大的风车排水、碾谷物,风车已成为这个国家重要的标志。这节课,就让我们一起去发现更多关于风车的知识。

二、提出任务

美丽的金沙滩海滨公园也想建设一座漂亮的风车,用来美化公园的环

境。大家想不想成为这座风车的设计师呢？我们要设计风车，就必须先了解风车的结构。你认为风车是由哪些部分构成的？（头部、建筑体部分）

1. 项目分析，设计方案

你想设计什么样子的风车呢？请将设计草图画在活动单上。你准备用哪些组件来实现风车的搭建呢？一边讨论，一边将要用到的材料放到备用区域。

2. 头脑风暴，合作交流

组内交流一下，你们对搭建风车的过程有什么好的建议？

讨论方向：扇页部分——立方体搭建中心建筑部分——平板搭建动力——电机动力传递——齿轮……（自由发挥）

好了，经过刚才的交流，我们知道了风车搭建中应该注意的问题。接下来，请大家开始动手去搭建属于你们自己的风车吧。（动手搭建）

三、学习新知

1. 学习新知，提高挑战

大家的风车设计真是太精彩了！上级又送来一批新的材料（出示LED灯和灰度传感器），对我们的设计又提出了新的要求：使用灯光对风车进行装饰，使用传感器让风车转得更智能。大家想不想挑战一下？

大家有什么好的建议？（编写程序来控制风车的转动）今天，老师教大家编写条件程序。例如，我们要控制风车在遇到较暗的颜色时停止转动，这个程序应该这样写……（演示条件语句的编写）小组交流一下，你们要用什么条件命令来控制风车的运行？（小组交流，动手实践）

2. 交流作品，匠心升华

谁来介绍一下你们的作品？作品叫什么名字？你们的设计有什么亮点？

四、教师总结

大家的设计真是让人耳目一新。我们不仅造出了个性的风车，还造出了智慧的风车。希望大家在能力风暴的世界里，继续学习和发现，让我们的生活变得更加美好。

教师优秀创新课堂案例2：电子宠物大作战

一、绘本导入

孩子们，今天老师给大家带来了一本绘本，名字叫 Dear Zoo（《亲爱的动物园》），作者是一位英国的作家——罗德·坎贝尔。这是一位小朋友写给动物园的信，我们一起来看看发生了什么事。

我写信给动物园，想让他们送我一只宠物，他们送了我一头大象，它太大了，我把它送了回去；然后他们送了我一只长颈鹿，它太高了，我把它送了回去；然后他们送了我一头狮子，它太凶了，我把它送了回去；然后他们送了我一只骆驼，它脾气太坏了，我把它送了回去；然后他们送了我一条蛇，它太吓人了，我把它送了回去；然后他们送了我一只猴子，它太闹了，我把它送了回去；然后他们送了我一只青蛙，它总是跳来跳去，我把它送了回去；他们绞尽脑汁，苦思冥想，送了我一只小狗，它是如此完美，我收下了它。

这位小朋友最后留下了什么当宠物？（小狗）

动物园还送过他什么动物？（狮子、大象、骆驼、青蛙、猴子）

它们有的太凶猛，有的太闹了，有的太高，有的太大，都不能在生活中作为我们的宠物，但是同学们喜欢这些动物吗？（喜欢）

今天这节课，我们一起来做一个自己喜欢的电子宠物。

老师给大家准备了基础的小车、超声波传感器、表情面板、基础的结构件、螺丝、螺母，还有扳手和螺丝刀。

二、课堂新授

在做电子宠物之前，4人组成一个小组，先确定组长，再进行分工，最后讨论确定你们组要做的宠物名字。

我们都知道宠物喜欢和我们玩，当我们走近它的时候，它就会很高兴，而当我们离开它的时候，它就会不开心。所以，这里我们需要用到一个"如果……那么……否则……"的句式。老师给大家举个例子：如果今天是周末，那么我在家休息，否则我要去学校上学。谁能用这样的句式来造句？（学生回答）

同学们的造句很准确，看来理解了这个语句。那在我们今天的课上，我们可以怎么用它呢？（如果主人靠近，那么电子宠物显示笑脸，否则电子宠物显示哭脸。）

接下来，给大家3分钟的时间，在任务单上完成自己的设计方案。

设计图完成了吗？（学生回答）

三、搭建作品

同学们把设计图放在靠近走廊的桌子上，我来看一看大家的设计图。负责搭建的同学可以开始搭建，负责编程的同学开始编程。

四、成果展示

做完的小组请举手，并且安静地回到座位。

我看同学们都做完了自己的电子宠物，来和大家分享一下吧。

一组先来。（预设评价：一组做的是一个长颈鹿，他们抓住了长颈鹿脖子长这一特点，可以看出他们特别善于观察生活）

二组同学来。（预设评价：二组同学做了一只会叫的小狗）

三组同学来。（预设评价：三组做的这只兔子，突出了小兔子蹦蹦跳跳的特点）

四组同学来。（预设评价：四组同学做了一只青蛙）

五组同学来。（预设评价：五组的组长声音响亮，语言也很简练，对于传感器的理解比较透彻）

六组同学来。（预设评价：六组同学做得很逼真，突出了螳螂的两个像刀一样的前臂）

五、谈谈收获

这节课，你有什么收获？

我们做了自己设计的电子宠物，同时还学习了"如果……那么……否则……"的句式。

在生活中我们也会遇到很多问题，需要思考解决方案，进行测试，然后得到反馈，继续改进设计。在解决问题的过程中，失败了也没有关系，解决问题就是一个不断改进自己想法的过程。

教师优秀创新课堂案例3：动感心跳

教学目标

1. 了解心率的有关知识。

2. 学会用心率传感器模块制作简易的心率测量仪，并用它完成不同状态下心率的测量。

3. 学生将经历对心跳问题的关注、搜集数据、分析数据、对数据进行解释的完整的科学探究过程。

4. 提升学生发现问题、解决问题的能力。

5. 培养学生养成健康的生活方式。

教学重难点

1. 理解心率反映人体健康。

2. 学会采集、分析数据，并能将分析到的结论应用到生活中，解决生活问题。

教学准备

听诊器、心率传感器、OLED显示屏、电池（或充电宝）、电源主板、连接线、实验记录单。

教学过程

一、提出问题

环节1：听诊器体验

师：我们去做体检的时候，医生一般会用到这个仪器，认识它吗？

生：听诊器。

师：医生在听什么？

生：心跳。

师：心脏在哪儿呢？心脏位于胸腔左侧，听诊器主要用于判断心脏跳动的声音、节律是否有异常。

师：你想不想听听心脏跳动的声音？下面2人一组，互相听一听。

二、探究

环节2：心脏

师：刚才你用听诊器听到了什么？

生：听到了心脏跳动的声音。

师：心脏为什么跳动？

生：心脏总是在有规律地收缩和舒张。

师：说得很好。心脏通过规律地收缩和舒张，把血液运往全身各处。心脏每收缩和舒张一次，我们就感觉到心跳一次。我们通过一段视频来进一步了解。

（播放视频）

师（小结）：心脏不停跳动，把血液运到全身各处，帮助人体运送养料和氧气，排出二氧化碳及其他废物。这节课我们就来研究心脏的跳动。（出示课题）

师：心脏是我们人体非常重要的组织，它到底有多了不起呢？我们来看一组关于心脏的数据。通过数据，从数学角度来感受心脏的工作量，感受到心脏的伟大。（出示数据）

师：看了这组数据，你有什么感受？

生：心脏的功能太强大了。

师：我们把心脏一分钟跳动的次数叫作心率。心率是检测人健康的一个指标，每个人的心率都是不同的。你知道人类正常的心率范围吗？

师：我们怎样测试心率呢？

生：我们可以用听诊器听心率。

师：要是没有听诊器呢？

生：可以测脉搏。

师：你说得很对，因为在同一个时间内，心跳的次数和脉搏的次数是一样的。

师：我们一起来试一下用数脉搏的方法测心率。

师：遇到了什么问题？

生1：一会儿能感受到，一会儿感受不到。

师：是啊，这可是个技术活。我们课下再来好好研究一下这个方法。

师：你在生活中见到过测心率的产品吗？

生1：我爸爸的智能手表上有一项显示的就是心率。

生2：我见过奶奶用了一个仪器来测量心率。

师：你在同学们真是生活中的有心人。一起来看，生活中有很多产品可以快速测量出心率。

师：作为一名小创客，你想不想自己做一个心率测量仪？

环节3：心率测量仪

师：这节课，张老师给大家准备的器材有：心率传感器、显示器、电源主板、充电宝、连接线。

师（指心率传感器）：我们用它来干什么？

生：测试心率？

师：对，心率传感器是通过光学技术检测皮下毛细血管内血氧量的变化来检测对应的人体心率。

师（指显示器）：用它来干什么？

生：显示测到的心率。

师：大家已经认识了非常重要的两个模块。现在，你们能试着组装心率测量仪吗？

（小组展示组装的测量仪）

师：能说一说你们是怎么组装的吗？

生：把心率传感器连到电源主板的输入接口上，把显示器连接到电源主板的输出接口上，最后连接充电宝给它们供电。

师：同学们高质量地完成了连接任务。现在我们一起来看怎样用它测量心率。

（播放视频）

师：请各组用自己的仪器测量每位同学的心率，并记录下来。

（学生活动，找一组学生汇报）

师：通过刚才的环节，我们知道了每个人的心率都不同，有的快，有的慢。

环节4：心率的变化

师：刚才我们测量了安静状态下的心率，如果张老师让你跑一跑、跳一跳，你猜你的心率会怎样？

生：会变快。

师：同学们的猜想对不对呢？不同的状态对心跳会有什么影响呢？我们继续下面的实验。

师：我们分别研究平静状态下、运动后、休息后这3种状态下的心率。

师：安静状态的心率刚才已经测量过了，我们来测量运动后的心率。

师：请同学们跟随音乐做运动，运动后测量心率并记录。

（汇报数据）

师：通过刚才的实验，你有什么发现？

生：在平静状态下心跳较慢，在运动后心跳加快。

师：运动后心跳为什么会加快呢？我们一起通过一段视频了解一下。

（播放视频）

师：运动时虽然会加重心脏的负担，但是我们的心脏也会变得更强壮，所以我们应该适当地参加体育锻炼，增强心脏功能。

（汇报数据）

师：这次你们又有什么发现？

生：休息后，心率比运动后降低了。

师：确实是这样。

师：你还知道什么情况下我们的心跳会有变化吗？

生1：恐惧、紧张等情绪波动时心跳会加快。

生2：在做完体力劳动后心跳变快。

生3：白天心跳加快，夜晚入睡后心跳变慢。

师：如果人体某一器官发生病变，也常会使心跳发生快慢、强弱的变化。

师：大家现在休息好了吗？如果再让你测量一次心率会怎样？

生：会比刚才运动后心率慢。

师：我们的猜想对不对呢？让我们再来测量一次心率，并记录下来。

（汇报数据，发现休息后心率确实变慢）

师（总结）：通过上面的探究，我们知道了不同状态下心率不同，心率确实能反应我们身体的状态。

环节5：危险警告

师：人类的正常心率范围是60～100次/分。如果心率短时间内超出这个范围，并无大碍。比如，我们在参加运动时，心率会加快，但是休息后，心率很快会恢复正常。但是，如果长时间超过这个范围，那么就有危险了。

师：心跳长时间过快，或长时间过慢，会有哪些危害呢？我们一起来读这份材料。（展示材料）

师：读完材料，你想做点什么吗？

生：我想做一个危险警告装置，它可以随时侦测心率。如果检测到心率持续低于正常值或持续高于正常值，它就会发出警报。

师：你的想法非常棒，看来你是个善于发现问题、解决问题的孩子。

师：心脏的健康是非常重要的，我们要怎样保持心脏的健康呢？

生1：要合理饮食。

生2：要参加体育锻炼，但也不要过量，要劳逸结合。

师：老师也给大家提几点建议：我们应该科学饮食，少吃高脂肪、高胆固醇的食物，不熬夜，保持情绪稳定，多参加体育锻炼，劳逸结合。

三、总结及应用

一节课很快就要结束了，我们来总结一下本节课的内容：我们掌握了一个很重要的概念——心率；知道了心率是指心脏一分钟跳动的次数，心率是反应身体健康状况的指标，每个人的心率都不同，同一个人不同状态下心率也不同；体验了3种测心率的方法，知道了心率的正常范围是60～100次每分，如果长时间超出正常范围会对心脏造成一定的危害，所以我们要养成健康的生活方式，保护好我们的心脏。

师：这节课我们不仅收获了知识、方法、能力，还制作了一个仪器，是什么呀？

生：心率测量仪。

环节7：谈应用

师：请你想一想，什么样的人会比较需要这个仪器呢？你想把它给谁用？请小组讨论。

生1：我想给爷爷用，因为爷爷年龄大了，有高血压。我希望爷爷能及时监测到自己的心率，保持健康。

生2：我想给爸爸用，因为爸爸经常熬夜加班。我很担心爸爸的身体，我希望爸爸能够多关注自己的心率，保护好身体。

生3：我想给妈妈用。妈妈是个爱美人士，经常去跑步锻炼。我担心妈妈运动过量，想让妈妈通过监测自己的心率，控制好运动的强度。

生4：我想给弟弟用。他很挑食，喜欢吃油炸食品。我想让他用心率测量仪测量自己的心率，提醒自己要健康饮食。

师：同学们能够找到和解决生活中的问题，真是名副其实的小创客，为你点赞。希望课后我们的研究继续，大家可以把这个仪器改进得更趋近于生活中的真实产品，好吗？

四、拓展

师：小明爸爸比较胖，他想减肥。你觉得他应该采用什么方式？

生：运动。

师：是的，他也是这么想的。可是，小明爸爸运动一段时间后，发现没有效果，这是怎么回事呢？小明爸爸就去查阅了资料，他了解到，运动减肥还要考虑心率呢，要把心率控制在减脂区，也就是最大心率的65%～75%之间才能更好地减脂。最大心率的计算方法是220－年龄，小明爸爸今年40岁了，你能帮他算一算在运动时要把心率控制在什么范围内减肥效果比较好吗？

三、创新教育实践促进学校内涵发展

第六小学始建于1939年，抗日志士于业功任第一任校长，是一所拥有红色基因的现代化学校。秉承"为每一个孩子撑起成长的天空"的办学理念，积极建设、完善课程体系，创新课程实施路径，"润物细无声"地对学生实施有目的的影响，积极打造"润合"教育品牌。我校设有智慧教室、3D打印、人工智能、云课堂、舞蹈室、美术室等现代化教学设施，先后获评国家级信息化教学实验区试点校、烟台市创客教育示范校、烟台市信息技术应用能力提升2.0实验学校等荣誉。

第六小学基于STEAM理念的创新课程对培养学生的创新精神和实践能力有着重要的作用和意义。我校为课程研究奠定坚实的基础，积极探索，深入实践。

（一）加强保障，夯实课程建设基础

为了更好地深化STEAM课程建设，推进STEAM课程的开展，我校在原有课程、资源等教育投入的基础上，不断加强软硬件的保障，夯实STEAM课程建设基础。

1. 丰富的积累

第六小学有一支充满活力和创造力的教师团队。2016年以来，先后开设乐高、思维器具、3D打印和机器人课程，指导的学生多次在省级比赛中获奖，这些课程的开展都为学校开设STEAM课程提供了便利的条件和宝贵的经验。通过STEAM课程，学生能够学习到五大领域的综合知识，融会贯通，灵活运用，发展自身综合素质，逐步提升个人素养。

2. 项目的引领

我校先后申报省级和市级STEAM教育跨学科研究项目，依托省、市团队的引领，学校领导和教师充分理解探索STEAM课程的价值意义，学习先进的STEAM教学知识和国际科学教育发展与改革动态，理解STEAM的教学理念与教学要求。

3. 团队的组织

我校于2020年5月组建了课程研究团队。语文、数学、信息技术、科学、数学等多学科教师的参与为课程的顺利实施提供了保障。教师提升STEAM领域的教学热情，深刻理解STEAM教育的重要性，强化对STEAM教育的责任与担当，齐心协力设计并实施学校的STEAM教学活动。

4. 空间的建设

我校先后投入60万元建设"小工匠实验室"创新空间，这为项目的推进提供了坚实的保障。STEAM理念强调引导学生采用学科融合的学习方式，运用跨学科思维解决现实问题。作为一种超越传统的教育模式，STEAM课程更加依赖真实的学习情境的构建。

（二）科学规划，建设课程体系

课程建设围绕"润合"教育课程建设要求，以"发展学生的关键能力、提升学生的核心素养、培养面向未来的合格建设者"为目标，基于STEAM教育理念，开展基于语文、英语、数学、科学、信息技术等课程的融合，基于跨学科教学设计，推进学校教育教学工作改革创新，形成了信息素养提升课程、STEAM 跨学科实践课程、社会大课堂拓展课堂的课程体系。

（三）多方联动，有序推进课程开展

STEAM 课程培养的是迁移能力，引导学生把在一个情境中学到的知识运用到另一个情境中。跨界体现出来的就是迁移能力，STEAM 课程就是一个整合性学习，让学生参与学科知识的迁移，使学生把知识迁移到其他领域以及未来的学习与生活之中。为了更好地促进 STEAM 课程的开展，学校确立"多方联动、层层推进"的推进思路，即校企联通、高校联通，整合资源，合力推进课程的开展。

1. 建立课程支撑体系

我校内部建立了课程支撑体系：校级领导层通过对学校自身的现状分析，结合 STEAM 教学理念，对学校 STEAM 教学活动的开展进行顶层设计，包括理念设计、架构设计、资源配备、师资梯队、教研体系等；校级管理层通过对学校场地、设备、教师、资金等方面的资源配置，为 STEAM 教学提供师资、场地、课时、学生参与、设备、耗材、后勤等多方面的保障；一线教师加强学习，不断提升 STEAM 课程的开发能力、STEAM 活动的设计能力、STEAM 教学的实施能力、STEAM 评价的开展能力。

2. 转变教师教的方式

由于 STEAM 教育具有目标性、实践性、合作性等特点，STEAM 课程研究对于教师的要求也越来越高。对于团队学习，学生怎么参与？教师怎么指导？教师的作用是什么？这些问题值得每一位教师深思。在很多项目的操作过程中，学生做项目，教师起到辅助指导的作用，突出以生为本的理念。教师是整个课程的核心，提供支持，兼顾所有学生。

经过多年的实践研究，STEAM 课程以培养学生解决问题的能力、提升学生自主学习的能力、激发学生的创新创造能力、培养学生的综合素养为最终目标，以建立和提高学校整体 STEAM 教学开展能力为必要路径，从全校 STEAM 教学的顶层设计、管理配置和课程研发实施 3 个方面着手，在不同层面课程的研发与实践的过程中，带动更多的教师成为实践型教师，逐步走向研发型教师，从而促进学生核心素养的培育。

多年来，第六小学有近 800 名学生参加各级各类展示竞赛活动并屡创佳绩。在创新教育实践研究中，我校参与国家、省 2 项"构建校园创客教育生态"创新课题并成功立项，现均已顺利进行到结题阶段。我校已形成了独特的、基于创新教育的校园创新教育生态，学生的创新能力得到提升。今后，我们将继续完善、整合创客教育实验室硬件，围绕创新课程体系建设、师资团队培养和教学评价方式探索，打造校园创新文化，逐步形成具有特色的创新型校园。

第四章

"和合共生"——家校协同育人生态体系探究

第一节 "润合共育"模式的实践探索

一、"润合共育"的内涵

家庭教育的根本任务是立德树人。习近平总书记在全国教育大会上的重要讲话中深刻指出,家庭是人生的第一所学校,家长是孩子的第一任老师,要给孩子讲好"人生第一课",帮助扣好人生第一粒扣子。第六小学注重家庭教育影响力和实践操作性,依据"三四三"育人目标,秉承"润合共育"家庭教育理念,通过学科融合、德育一体化、家校联动等方法,于一言一行中对学生实施润物无声的影响,着力培养学生良好行为习惯,促其全面、均衡、健康发展。

家庭教育是人生成长的基石,构建"和合与共"的家校共育是促进孩子高质量发展的基础。第六小学在国家教育方针的引领下,结合学校教育理念,通过"润合共育",与家长携手打造协同育人的生态,培养出"习惯有养成、生活有温度、学习有效率"的"润合少年",让孩子们在润物无声、和合共育的环境中健康成长。

(一)"润合共育"的提出

"润","温润而泽"(《礼记·聘义》),意为在潜移默化中滋养与润泽成长。"随风潜入夜,润物细无声。"教育恰如春雨润物,于润物无声中营造自然和谐的氛围,潜移默化地润泽生命。教育亦是一门润养艺术,对孩子的成长产生润养、唤醒和潜移默化的影响。"合"取自《国语》,意为"和合共生",表示不同事物、不同观点的相互补充,是新事物生成的规律,表达基于实际多种因素影响下的教育生成。"润合"教育从学生发展的起点和家校共育的基点出发,既有"润物细无声"的静默付出,又有"和合前行"的进取精神。在"润合"教育理念的统领下,学校在家庭教育领域提出"润合共育"家校协同育人新主张。

(二)"润合共育"的内涵

"润合共育"致力于构建优质的家庭育人环境,以科学教育为靶向,聚焦教育行业政策变化,解读最新教育理念,分享先进教育经验。家校共育助力学生行为习惯养成,为发展素养奠基;助力家长培养品行兼优的优秀儿女,温润人生,合力前行。

"润合共育"家庭教育理念,旨在追求一种"润合"的家教情怀,追求一种"润者合也"的共育思想。"润合共育"家庭教育理念以"润"为手段,以"合"为途径,把"温润人生,合力前行"的教育理念贯穿于家庭教育的全过程,从学生的习惯养成出发,与家长携手打造协同育人的生态体系。

二、"润合共育"的机制

《中华人民共和国家庭教育促进法》明确了父母或其他监护人的家庭教育责任,规定国家、学校和社会应为家庭教育提供指导、支持和服务,提出了建立健全家庭学校社会协同育人机制的要求。

"润合共育"践行《家庭教育促进法》的教育方针,以培养兼具"温润之品"与"合融之育"的健康成长的学生为育人目标,以"润育"的方式于家庭教育中培养学生良好行为习惯。通过"以润养德",使其在品行上温润善良,具备温润之品;通过"以学启智",使其在学识上融会贯通,具备"合融之育";通过"以合促美",使其在全面发展中力展所长,具备和谐之美。

学校落实"五育并举"育人举措，精准定位教师、家长、学生三大主体，构建"润合共育"家校协同育人机制。

（一）成立学校家长委员会（简称"家委会"），搭建家校协同育人平台

教育部《关于加强家庭教育工作的指导意见》指出，要发挥好家长委员会的作用。各地教育部门要采取有效措施加快推进中小学幼儿园普遍建立家长委员会，推动建立年级、班级家长委员会。中小学幼儿园要将家长委员会纳入学校日常管理，制订家长委员会章程，将家庭教育指导服务作为重要任务。家长委员会要邀请有关专家、学校校长和相关教师、优秀父母组成家庭教育讲师团，面向广大家长定期宣传党的教育方针、相关法律法规和政策，传播科学的家庭教育理念、知识和方法，组织开展形式多样的家庭教育指导服务和实践活动。

1. 方针指引，健全家委会制度

在教育部《关于加强家庭教育工作的指导意见》的指引下，2018年9月，第六小学成立了家委会工作筹备委员会（简称"筹委会"）。筹委会依据《山东省普通中小学家长委员会设置与管理办法（试行）》的文件精神，制订了具有校本特色的《第六小学学校家长委员会章程》和家校联动制度等一系列工作制度。2018年10月，学校家长委员会成立，通过选举建立起了班级、级部和学校三级家委会，成立家庭教育工作领导小组，健全家长学校制度。学校建立家长对学校工作的长期督促配合制度，把家庭教育工作纳入学校计划和班主任工作的目标管理之中，充分发挥家长在家长学校中的积极作用。我校定期召开家庭教育工作经验交流会，结合现实情况，积极开展个案研究，不断探索，力争成果，推动家长学校建设。

2. 家委会驻校，凝聚家校合力

为丰富学校管理的内涵，拓展管理的渠道，集中社会力量融入学校办学，我校实行家委会驻校制度，高标准建设家长学校，不断完善家委会为

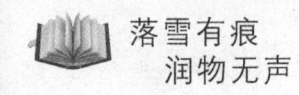

学校服务、为教师服务、为学生服务的长效工作机制。家委会成员每周驻校时间不少于1天，无特殊情况与学校同步作息时间。家委会驻校职责明确：参与并监督学校管理和有关重大决策的制订与实施；协调学校与家庭、教师与家长之间的关系；有权向上级教育主管部门反映学校教育教学情况；真正发挥宣传协理员、信息反馈员、义务监督员的作用。

在驻校制度的引导下，家委会积极参与班级各项工作，在促进学生发展、凝聚教育合力方面发挥积极作用。在班级文化建设、实践活动组织、协助管理、矛盾协调沟通等方面，家委会全心全意为班级服务，和教师共同呵护孩子健康成长。

（二）实施课题拉动战略，把握家庭教育研究方向

第六小学于2016年11月成功申请了烟台市家庭教育专项课题"小学生家长培养孩子良好行为习惯的策略研究"。5年来，在烟台市教科院专家和烟台经济技术开发区教研室教研员的指导和支持下，课题组成员按照实验方案的内容、方法与步骤，创造性地进行了实践与探究，取得了理想成效，并在一定家庭范围内进行普及与推广。

1. 博采众长，夯实家庭教育理论基础

成立家庭教育研究小组，明确要以培养学生的行为习惯为切入点，及时整理和研究家庭教育中出现的问题，提出有效对策。为此，由校长室、教研处及研究小组牵头，全校教师结合自身教育实际情况，共同学习家庭教育理念及儿童发展的相关理论。如苏霍姆林斯基的家庭教育理念、皮亚杰"认知发展理论"、叶圣陶教育理论等。同时，教师们通过阅读《牵手两代·亲子课程》丛书、《读懂孩子·心理安抚桥梁书》《好家庭胜过好学校》等家庭教育书籍，了解学生7~11岁认知发展规律及影响认知的因素，为家长了解自己孩子的发展提供了理论基础。

2. 科学调查，分析不良习惯产生的原因

家庭教育研究小组负责家庭教育问题的汇总与整理，班主任老师和各班家委会成员组成36支"班级家庭教育小分队"，负责调查汇总本班学生的家庭教育问题。通过调查问卷的形式了解学生在家庭中的不良行为习惯，并有针对性地分析产生不良行为习惯的原因。

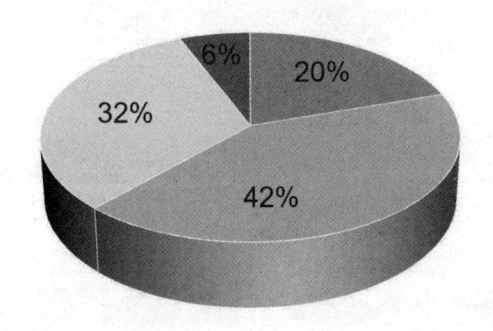

（家庭教育中存在的问题调查分析）

3. 明确流程，开展家庭教育策略研究

基于调查研究结果，科学制订课题研究步骤，构建课题研究体系，明确课题研究流程。

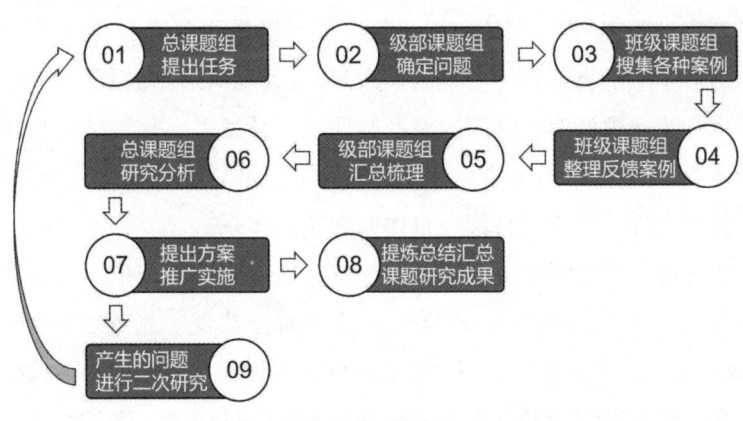

（家庭教育策略研究流程分析）

基于不同年级学生的行为习惯特点与突出问题，按照研究流程，我们开展了主题式家庭教育指导策略研究。研究分为生活习惯、学习习惯和读书习惯3个方面，学校在不断地学习、探讨与实践中，制订出自理、自立、自读、自律、明礼五大策略体系，并在应用策略与收集反馈的过程中，与家长一起共促学生良好行为习惯的养成。

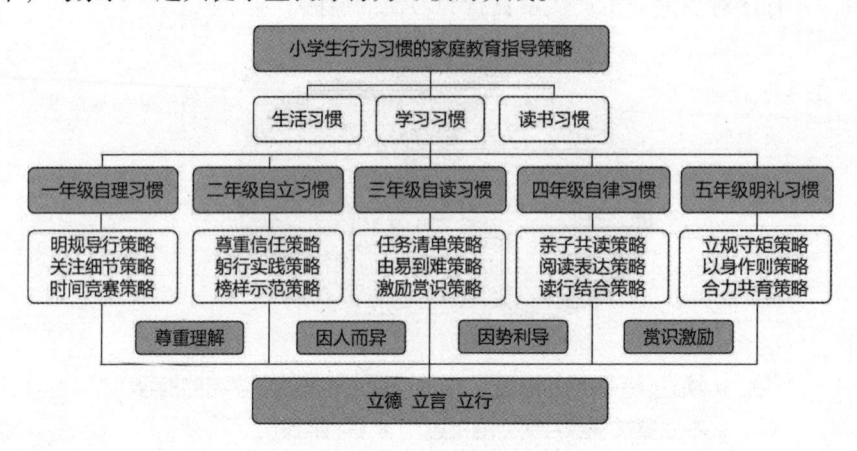

```
                    小学生行为习惯的家庭教育指导策略
                                │
            ┌───────────────────┼───────────────────┐
         生活习惯             学习习惯             读书习惯
            │                   │                   │
    ┌───────┼───────┐   ┌───────┼───────┐           │
 一年级    二年级    三年级    四年级              五年级
自理习惯  自立习惯  自读习惯  自律习惯            明礼习惯
    │        │        │         │                   │
 明规导行  尊重信任  任务清单  亲子共读          立规守矩
 关注细节  躬行实践  由易到难  阅读表达          以身作则
 时间竞赛  榜样示范  激励赏识  读行结合          合力共育
    │        │        │         │                   │
  尊重理解  因人而异  因势利导  赏识激励
                │
           立德 立言 立行
```

（小学生行为习惯的家庭教育指导策略）

（三）名师带动课程建设，增强共育发展内生动力

在省、市级家庭教育课题的带动和名师引领下，2019年9月第六小学成立了家庭教育名师工作室。工作室成员积极进行家庭教育校本课程研究，以培养学生的良好行为习惯为切入点，以家庭教育为抓手，立足不同年级学生行为习惯所存在的问题及产生原因，开发了一套"学校指导家长培养学生良好行为习惯"专题系列家庭教育校本课程——"润合共育"课程，包含自理、自立、自读、自律四大课程体系。

除此之外，我校家庭教育名师工作室组织编写"学校指导家长培养学生良好行为习惯"专题校本教材——《"润合共育"指导手册》，包括《自理课程》《自立课程》《自律课程》与《自读课程》4本校本教材，并进行了家庭教育微课录制。在课程开发与实践的过程中，逐步形成了符合本校学情、具有本校特色的"润合"家庭教育课程体系。

在家庭教育课程研究过程中，教师的家庭教育指导能力得到明显提升。通过家庭教育课程的探究与实践，教师们发现问题、分析问题、研究问题、解决问题的整体水平明显提高。通过学习指导家长培养学生形成良好行为习惯的策略与方法，在实践反思与案例分析中，教师逐渐总结出符合学情、班情、校情的更为行之有效的教学方法与教学模式。

（四）探索协同育人路径，落实立德树人根本任务

在马克思主义关于人的全面发展思想中，人的全面发展表现为道德品质、劳动能力、身体素质、学习能力、个性和兴趣志向等方面自由广泛且充分地发展。要实现学生的全面发展，家庭和学校须共同肩负教育学生的使命，用正确的教育思想和育人方法作为指导，相互支持、密切合作，形成强大的合力，促进小学生全面健康发展。

家庭教育的根本任务是立德树人，良好行为习惯的养成是立德树人中必不可少的一环。在"润合共育"课程体系的基础上，学校对家庭教育中小学生行为习惯养成的实施路径做了进一步的实践研究，形成了"1+3+N"家庭教育模式：

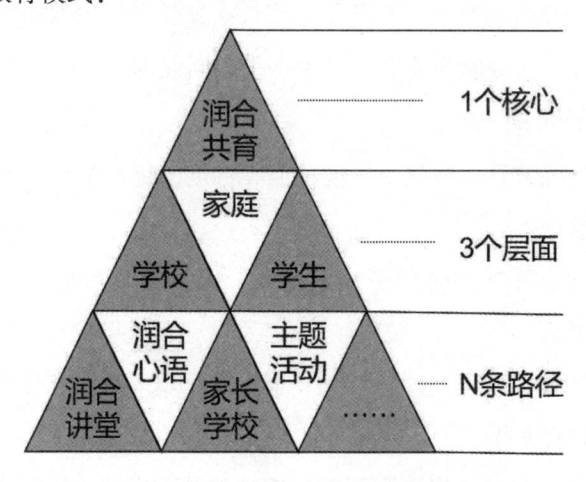

（"1+3+N"家庭教育模式）

1个核心:"润合共育"为核心,学校与家庭紧密合作,于点滴中润物无声地促进孩子良好习惯的养成,进而推动孩子综合素养的全面提升。

3个层面:充分调动教师、家长、学生三者的积极性与能动性,形成"教师多维指导—家长学习实施—学生实践反馈"的闭环系统。

N条路径:围绕"润合共育"这个核心,从教师、家长、学生3个层面开拓出多条切实可行的推广途径,运用多种方式促进孩子达成"自理、自立、自律、自读"的目标,具体可分为以下5个方面:

(1)润合讲堂

创建"润合讲堂"微信公众号,每月推送"润合共育"系列课程,以提升家庭教育质量为核心,以科学教育为靶向,聚焦教育行业政策变化,解读最新教育理念,分享先进教育经验。

(2)润合心语

每周通过班级群与班级圈发布"润合心语",向家长朋友介绍先进的家庭教育理念与具体可行的家庭教育方法,以温馨的话语指导家长培养孩子的良好习惯。

(3)家长学校

创办"润合共育"家长学校,制订了具有校本特色的《学校家长委员会章程》与家校联动制度。充分发挥家长在家长学校中的积极作用,定期召开家庭教育工作经验交流会,家校携手共同促进学生的全面发展。

(4)亲子活动

结合中国传统节日、节气、气候特征等特点,每月围绕一个家庭教育主题开展亲子活动:

①寒假期间:开展"亲子劳动"活动,了解节日习俗,感受节日气氛,共浴家庭温暖。

②三月:开展"亲子观影"活动,通过亲子观影启发家长更新教育观念,提高家庭教育水平。

③四月:开展"亲子阅读"活动,培养孩子养成阅读的好习惯,同时

增进父母与子女之间的亲情。

④五月：开展"亲子游学"活动，引导家长带领孩子亲近文化、走进自然，拓宽孩子的视野。同时，让家长亲身感受到身边处处是教育，"读万卷书"，还须"行万里路"。

⑤六月：开展"亲子运动"活动，帮助家长建立陪伴意识，锻炼身体的同时增进亲子交流，创造美好的家庭回忆。

亲子活动的组织与开展，增进了家长与孩子之间情感的透明度与信任度，帮助家长营造促进孩子健康成长的良好氛围，构建家校教育新业态。

（5）其他路径

我校通过家长会、学校开放日、班级微信群、家庭教育主题讲座、主题班会等多种途径，对家庭教育进行跟进指导，时刻密切关注学生良好习惯的养成。

（五）开展多样主题活动，提升家校协同育人水平

立足于学生身心发展特点及家长需求，以学校和家庭为主阵地，结合家庭教育主题月活动主题，紧扣不同年级的家庭教育问题，构建家庭教育主题讲堂活动、亲子活动和心理护航活动三大活动体系，从品德习惯、学习实践、合作交流、强身健体、劳动审美表现5个维度作用于家庭教育，强化全程育人，促进学生全面发展。

1. 更新家长教育观念

转变家长理念，创设多种活动载体。定期召开家长会和举行家长开放日活动，和家长共同发现问题、交流探讨问题，挖掘家长在家庭教育方面的深度；聘请家庭教育专家做专题讲座，拓展家长家庭教育知识广度；家庭教育指导师们定期利用QQ群、微信群、校公众号和校园网站，及时向家长宣传先进的家庭教育理念和科学育人方法，指导家长把握先进家庭教育理念的维度；定期开展家教经验交流会，请教子有方的家长介绍育人经

验，家长之间相互学习，共同提高；开展"优秀家长"评选活动，通过评选树立榜样，以典型引路，促进家庭教育水平的提高。

2. 进行个案特色指导

通过多种路径，关注不同家庭的教育进展，关注孩子的生活、学习和文明礼仪习惯的养成，随时给予家长指导性意见。例如，向家长发放《一年级入学指导手册》《养成教育20条》《就餐歌》《小学生守则》等文件，让家长明确学生行为习惯养成的具体要求，有效指导学生养成良好的行为习惯。根据不同学生的行为特点进行个案指导，逐步形成特色课程指导体系——深度家访+理论讲解+体验互动+电话沟通+全程指导。指导体系具有以下特点：

◆一对一：课题教师对特殊家庭进行一对一指导，全程服务。

◆个性化：针对每个家庭的不同现状制订个性化的成长方案。

◆系统化：从理论到实践指导，从电话指导到家庭深访，从孩子到家长，全方位、系统化地进行指导。

◆深度家访：走进家庭，关注孩子的生活环境。

3. 开展团队式家访活动

建立"校长带头、中层示范、班主任为主体、教师全员参与"的全员家访工作机制。我校党支部积极参与，党员教师与青年教师结对行动，充分利用课余时间，分批次、分时段地开展"千名教师访万家"活动，搭建家校联系的"暖心桥"，打造有温度的教育。教师在参与学校与家庭的沟通过程中，强化自身的责任感和使命感。学校和家庭达成了教育共识，形成了教育合力，学生得到了全面发展，学校良好的教育生态基本形成。

4. 丰富社会实践活动

结合家委会自身优势，利用节假日积极组织学生参加社会实践活动，对学生综合素质的提高发挥了重要作用，为学生养成良好的行为习惯创造氛围。家委会抓住每年的学雷锋日、植树节、清明节、"五一"劳动节等重要教育节点，"因地制宜"地组织各类教育活动，一方面让学生放松身心,参与社会实践,培养创新精神和实践能力,增强社会责任感;另一方面,教育学生传承中华优秀传统文化,培育家国情怀,在协同共育中提升综合素养。

结合不同年级学生的特点,开展各种亲子参与的综合实践活动,并通过"班级圈"等平台进行展示比赛。"居家整理小能手""家务劳动我能行""小小美食家"等活动激发了孩子们参与综合实践活动的热情,收获了亲子合作劳动的和谐与美好。

结合学生的年龄特点,推出"一日劳动卡",学生们每天完成一项劳动任务,包括打扫房间、洗衣拖地、收拾碗筷等,培养学生勤劳动的好习惯,让劳动教育在课堂上下、校园内外相互联通,多方位促进学生健康成长。

结合假期或周末时间,开展"蒲公英"主题活动,鼓励学生家庭到科技馆、城市展览中心、地质博物馆等"社会大课堂"活动基地进行参观研学。通过"亲子走出去"系列综合实践活动,拓展家庭教育的时间与空间。

5. 开展主题阅读活动

开展"红色主题研学""春天诗歌节""名人故居研学"等主题阅读活动,引导学生将"读"与"行"结合起来,在"读"中了解认识,在"行"中触摸感悟。让学生在活动中真实感悟书中景、书中人、书中事,真正在读行结合中拓宽文化视野,提升阅读兴趣,培养良好的阅读习惯。

(六)实施多元评价策略,激发家校协同育人热情

在协同育人推进的过程中,我们将对学生习惯养成及家长育人能力的多元评价和表彰方式相结合,激发家校共育热情。如在"润合共育"系列课程中,评选"自理小能手""自读小明星"等形式调动了同学们的积极性,鼓励同学们与好习惯交朋友。在"润合共育好家长"评选活动中,以

案例的形式分享家庭教育的做法与经验，以榜样的力量带动家庭教育水平的提升。

三、"润合共育"的意义

"润合共育"遵循家庭教育发展的规律，以孩子健康、和谐成长为目标，在家校协同的润养中，使学生具备"温润之品""合融之育"。我们将"润合共育"理念运用到家校协同育人体系中，共建发展学生素养的优质教育生态。

（一）有利于增强家庭的育人功能，促进新型家庭、家教和家风建设

首先，教育目标的一致有利于家庭和谐氛围的营造。在家庭教育实践中，"润物无声"的润养方式，能使家庭成员之间在教育目标上保持一致，从而有效缓解家庭成员之间因为教育问题而产生的矛盾。

其次，在家庭与学校合力共育的情境中，"润合共育"能够为家庭建设提供有力保障。"润合共育"的共同体成员以家校共育模式的推动为契机，不断学习家庭教育方法，避免因教养方式不当给家庭带来伤害，带动家庭建设朝着健康方向发展。

"润合共育"在策略及课程上对家长进行引领，有利于提高家长的教育水平，形成良好的家庭人际关系和家风，构建有利于孩子成长、和谐幸福的家庭氛围。

（二）有利于完善学校教育机制，拓展教育教学资源，提升教育质量

依据"润合共育"家校共育机制，我校成立了"润合共育家校协同育人中心"。中心下设4个部门：润合共育指导部、润合共育课程部、润

合共育家长学校部、润合共育志愿服务部。4个部门的建立有利于家校共育机制的进一步完善，能够更好地为家校共育提供指导和服务。在润合共育的模式下，教师在研究中探索适合的育人机制与方法，开发与拓展教育资源，其教育专业能力不断提升；学生在老师和家长的共同参与下，德、智、体、美、劳各方面能力得到全面发展，进而提升学校的教育质量。

（三）有利于形成推动学校师生、家庭亲子共成长的协同育人生态

对于家长来说，在共育过程中，不断学习先进的家庭教育理念和方法，在教师科学合理的指导下学习家庭教育指导课程，可以轻松掌握家庭教育相关知识，掌握科学有效的育儿技能，助己走出教育困境，助力孩子健康成长。

对于教师来说，家校合作共育可以使自己更加全面、客观地认识学生，增强与家长沟通的能力，大幅提升自身的专业知识和技能，有助于实现教育理论与教育实践融会贯通。在教育学生的过程中，教师与学生共同成长，推动家校协同育人和谐健康地发展。

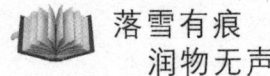

第二节 "润合共育"家庭教育指导课程的研发与实施

家庭教育的重要任务是帮助为人父母者做称职的父母,从而促进孩子更好地适应、成长与发展。在家校协同育人的背景下,经过多年的实践探索,第六小学家庭教育研究团队创造性地进行了家庭教育指导课程开发与实施路径的研究,并在一定的家庭范围内进行推广与普及。

一、理论基础

为更好地指导家长发挥家庭教育功能,我们将教育学、心理学、社会学相关理论作为开发家庭教育指导系列课程的依据。

行为主义心理学认为,人的行为由学习而来,是环境作用的结果。塑造儿童就是要塑造他们的行为,同时要控制环境。人本主义心理学关注人的价值,认为每个人都可以积极健康地成长发展、实现自我。当个人处于有爱、被尊重、真诚、接纳的环境时,自然有成长的动力。这启示我们,要为孩子营造良好的家庭环境,于小处着眼,引导孩子养成良好的行为习惯。

社会沟通分析理论认为,人格的发展与家庭环境及父母的需求有关,个人的适应不良或情绪上的困扰,大都是早期选择不当的结果。因此,在家庭教育中,良好的教育方法与沟通方式显得尤为重要。对于孩子成长过程中的不良习惯,父母应在建立良好亲子关系的前提下,学习改造孩子行为的方法，用科学、人性化的方法矫正孩子的不良行为，促进孩子健康成长。

众多教育学家的教育主张为课程开发提供了理论支撑，拓宽了研究思路，如苏霍姆林斯基的家庭教育理念、皮亚杰"认知发展理论"、叶圣陶教育理论、陈鹤琴"活教育"理念等。

二、研究背景

现实生活中，不尽相同的家庭环境、生活状态以及家长的教育理念，于潜移默化中对孩子施加着持久而深远的影响。不少家长在家庭教育方面缺少正确的教育理念和适当的教育方法，多把功夫下在孩子的智力开发上，甚至认为家长的任务就是配合学校把孩子的学习抓好，忽视了对孩子品行的塑造；有些家长平时对孩子放任自流，等到孩子在品德、学习上出现问题，则态度粗暴，一言不合就动手；还有些家长往往忙于生计，很容易忽视对孩子行为习惯的关注和教育，对孩子成长的情况也不了解，与孩子进行沟通的机会少之又少，造成孩子良好行为习惯培养的缺失。

基于以上现状分析，通过对家庭教育中孩子良好行为习惯养成情况的调查研究，并结合小学各年级学生行为习惯出现的问题，我们确定了课题的研究思路和方向，提出"基于小学不同年级学生行为习惯的家庭教育指导策略研究"，并确定了4个研究方向：家长培养孩子良好自理习惯的策略研究；家长培养孩子良好自立习惯的策略研究；家长培养孩子良好自律习惯的策略研究；家长培养孩子良好阅读习惯的策略研究。

三、指导原则

依据"三四三"育人目标，秉承"润合共育"家庭教育理念，我校家庭教育团队经过5年的研究，形成了一套针对不同年级学生行为习惯的家庭教育指导原则和策略，构建了家庭教育指导课程体系。

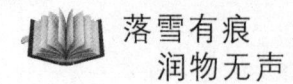

（一）尊重理解原则

培养孩子良好行为习惯的前提是家长的尊重和理解，给予孩子充分的信任和支持。这是家长能否培养出积极健康、充满自信和拥有良好行为品质孩子的关键。

（二）因人而异原则

因人而异原则是指基于不同孩子的心理和生理特点进行教育。每个孩子都是不同的个体，每个孩子都具有不同的特点。在行为习惯的养成教育中，同样的教育方法不可能适用于每一个孩子。家长要根据自己孩子的特点运用适当的多样化方法，去帮助孩子养成良好的行为习惯。

（三）因势利导原则

善于发现应该是家长的必备能力，准确及时地发现孩子身上的闪光点并加以鼓励引导，使其获得成功体验或精神支持，为其发展指引方向。

（四）赏识激励原则

赏识就是一个肯定和激励的过程。孩子在良好的行为习惯养成过程中需要不断地被家长理解、肯定、激励。家长在孩子成长过程中进行适当、有效的表扬，有助于孩子提高自信心，努力做到更好。

四、指导课程

（一）自理课程：培养规则意识，增强时间观念

自理课程以"培养规则意识，增强时间观念"为目标，主要介绍"明规导行""关注细节""时间竞赛"等策略，指导家长着眼日常生活的

细微之处，逐步培养孩子（尤其是低年级学生）良好的自理习惯。

1. 指导策略

（1）明规导行策略：阶梯培养规则意识

明规导行策略是先让孩子明确学习与生活中的各项规则，再循序渐进地指导孩子的行为。家长通过明规导行策略，培养了孩子的规则意识，促进了孩子行为的规范化。为了孩子（尤其是刚入学的一年级小学生）的健康成长，我校研究制订了《一年级新生入学指南》《养成教育20条》《就餐歌》等，让家长知悉并指导孩子理解其中的规则与要求。

附《养成教育20条》《就餐歌》内容：

养成教育 20 条

一、文明礼仪

1. 高高兴兴上学校，服装整洁领巾飘。
2. 斑马线上保平安，走路要往右边靠。
3. 见了师长行个礼，人人夸咱有礼貌。
4. 团结同学互帮助，见面彼此问声好。
5. 升旗仪式要庄重，国歌响亮好情操。

二、行为规范

6. 按时到校要记牢，早睡早起不迟到。
7. 学习用品带齐全，零食玩具不进校。
8. 书包柜上水杯齐，用完东西要放好。
9. 课桌椅凳要爱惜，乱涂乱画可不好。
10. 每天两操认真做，身体健康很重要。

三、卫生纪律

11. 看见纸屑弯腰捡，花草树木保护好。
12. 集合站队快静齐，不撞不挤不打闹。

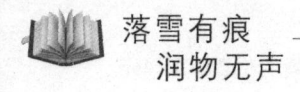

13. 下课铃响出教室，快速整齐声勿高。
14. 上下楼梯不疯跑，轻声慢步向右靠。
15. 就餐安静消化好，粒粒辛苦莫忘掉。

四、上课学习

16. 课前准备要充分，铃声一响快坐好。
17. 举手发言要积极，响亮清晰语言好。
18. 读写姿势要端正，用心听讲勤思考。
19. 写字不忘三个一，漂亮规范人人爱。
20. 家庭作业认真做，温故知新掌握牢。

良好习惯哪里来？全靠平时做得好。

品行知识皆重要，强身健体素质高。

就餐歌

放学铃儿响，同学出教室。

轻声语，慢步走，餐厅里面静悄悄。

叔叔阿姨工作忙，排队取餐有礼貌。

"辛苦了""谢谢您"，文明言行莫忘了。

碗不碰，勺不响，饭渣不掉汤不洒。

萝卜青菜我都吃，从小养生身体好。

碟儿干净，盘子亮，粒粒辛苦真记牢。

回教室，快读书，做个智慧好少年。

行有礼，表有仪，父母老师都喜欢；

快快长成参天树，祖国建设做栋梁！

（2）关注细节策略：发现进步促进成长

关注细节策略是指家长从生活中的细节（如穿衣、吃饭、整理）着手，帮助孩子抓住生活中的一个个契机，以发现的眼光从点滴之处培养孩子良好的生活习惯。

倡导家长适当运用各种奖励方法,肯定孩子的点滴进步,让孩子在持续的激励中增强自信心,提高自理能力。"发现进步促成长策略"为孩子行为习惯的养成提出了具体的解决方案。

根据学生生活实际,我们从细节入手,制订了《"洗·穿·理"三部曲》,以便更好地指导家长帮助孩子养成良好的自理习惯。

①"洗":会洗脸、刷牙、洗手、洗澡、洗小件物品。洗脸每天至少早晚各1次,洗脸的同时也要洗耳朵、洗脖子;要掌握正确的刷牙、洗手的方法;自己用的手帕、红领巾、袜子、背心、短裤等小件物品,要尽量自己洗。

②"穿":会穿衣服、系鞋带、戴红领巾。穿衣服要注意顺序和方法,系好扣子,做到衣着洁净整齐,大方得体;鞋带不宜过长,防止摔跤;戴红领巾时注意两端留的长短要相宜。

③"理":会叠被子、叠衣服、整理床铺,会整理书包和文具。起床之后,要把被子叠整齐,晚上脱下的衣服和洗后晾干的衣服都要先叠好,再摆放整齐;书包内的物品要分类放置。

(3)时间竞赛策略:激励形成时间观念

时间竞赛策略是根据孩子的年龄特点,有效地帮助孩子理解时间、珍惜时间,让孩子在不断的激励中形成时间观念。

家长和孩子一起制订"_____同学生活时间记录表",把它张贴在家里显眼的位置,每天和孩子一起记录穿衣服、洗刷、整理等所用的时间,使孩子知道珍惜时间的重要性,逐渐形成抓紧时间做事、与时间竞赛的意识。

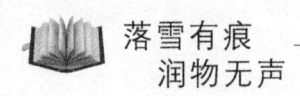

_____同学生活时间记录表

序号	生活项目	每日用时（分钟）							周评
		星期一	星期二	星期三	星期四	星期五	星期六	星期日	星级
1	起床								
2	穿衣								
3	洗脸								
4	刷牙								
5	系鞋带								
6	整理书包								
7	叠被子								
8	整理书桌								
9	读一个故事								
10	洗袜子								

2. 课程内容

课例1：我会整理书包

许多家长都有这样的苦恼：孩子总是乱放东西，没有养成收纳东西的习惯，家长不停督促、帮忙收拾，总是很累。

培养孩子收纳整理的习惯，看似是件小事，实际上是一种思维训练。它能让孩子做事情变得有条理，并形成规则意识，对孩子的未来发展大有裨益。本课着眼于帮助家长指导孩子学习收纳整理。从整理书包入手，既剖析原因，又进行方法指导。希望可以帮助孩子掌握收纳整理的方法，养成习惯。

【情景窗】

情景一

孩子："妈妈，我好累，书包好重啊！"

妈妈："确实重，你书包里的东西怎么这么乱呀？"

情景二

孩子："妈妈，我怎么都找不到需要您签名的学校通知了。"

妈妈："这么乱，怎么容易找得到呢？"

很多父母都会有这样的烦恼，下面我们一起来找找孩子不会整理书包的原因吧。

【家长课堂】

孩子不会整理书包的原因

生活中许多父母会帮孩子拎书包、整理书包，以为这些小事孩子长大后自然会做，以为这样就是爱孩子。其实，这样的做法容易导致孩子缺乏生活自理能力。

因为经常帮孩子整理书包，而且知道这样代替孩子整理书包是不好的，所以家长每次帮孩子整理时，不忘一番说教。但是，孩子并没有得到锻炼，还是不懂得如何整理书包，如此便形成了徒劳的循环。

让孩子学会整理书包的方法

①示范讲解并训练

整理书包的一般方法：第一步，根据需要带好必需物品；第二步，合理收纳，保持位置固定；第三步，将各科书本分袋收纳。

②物品用完放回原处

在日常生活中，父母要培养孩子用完东西及时放回原位的习惯。

③及时检查反馈

前两个星期，每天都要检查；两个星期后可以隔天检查一次；一个月之后可以一个星期检查一次。

及时表扬。表扬时要具体描述孩子做的有进步的地方，说出自己的感受，而不是单纯地说"你真棒"。

④身教大于言传

做好物品归类归位的榜样，可以让孩子知道及时归位和整理的好处，能够对孩子产生潜移默化的影响。

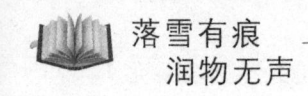

课例2：洗干净有讲究

良好的卫生习惯是保证孩子身体健康的必要条件。父母从小培养孩子良好的卫生习惯，可以帮助孩子成为一个有教养的文明公民，收到事半功倍的效果。个人卫生看起来是一件微不足道的小事，往往反映出一个人的精神面貌和生活情趣。孩子不爱讲卫生、不会讲卫生，这该怎么办呢？

本课针对父母的教育困惑，提出了从以下3个方面入手来解决问题的方法：晓之以理——帮助孩子了解不讲卫生的危害；授人以渔——科学地帮助孩子保持干净；以身示范——做好榜样的作用，营造良好的家庭环境。希望能帮助孩子们掌握能力，养成习惯。

【情景窗】

"妈妈，您看看我把手洗干净了吗？"

"妈妈，您帮我看看我的牙刷得白吗？"

家长要指导孩子从小养成正确的洗漱习惯。洗手、洗脸、刷牙和洗澡都是有讲究的，也是一门学问。

【家长课堂】

洗手篇

大家都知道，把手洗干净无论对于孩子还是大人来说都非常重要。把手洗干净可以有效阻断细菌病毒传染，减少疾病发生。对于一年级的孩子，如果只是单纯地告诉他"七步洗手法"，显然效果不佳。我们可以编成"洗手歌"帮助孩子记住正确的洗手时间和步骤。

洗手歌

饭前便后要洗手，

打开水龙头，

淋湿小小手，

摸下小肥皂，

正搓反搓旋转搓，

再用清水冲小手，

关紧水龙头,

节约用水很重要,

做个讲卫生的好宝宝。

洗脸篇

洗脸关键要洗全面,家长可以这样指导孩子:低下头,闭上眼,从下向上、从里向外轻轻用力,额头、眼睛、鼻子、嘴巴、脸颊、耳朵、脖子都要洗到。

刷牙篇

正确刷牙有讲究,要避免过多的拉锯式横刷。错误的刷牙方法不仅不能把牙齿刷干净,还容易造成牙齿损伤。首先给孩子选用软毛牙刷,多种牙膏交替使用,以免产生耐药性。

正确的刷牙步骤:把牙膏挤到牙刷上(黄豆粒大小即可),顺牙缝由上而下、由下而上地竖刷。上下、内外都是顺着牙根向牙尖刷,牙合面可以横刷。每次刷牙至少需要3分钟,每面要刷15~20次。刷完后用清水将牙膏全部漱出。

刷牙歌

小牙刷,手中拿,张开我的小嘴巴。

上面牙齿往下刷,下面牙齿往上刷。

左刷刷,右刷刷,里里外外都刷刷。

早晨刷,晚上刷,刷得干净没蛀牙。

刷完牙齿笑哈哈,露出牙齿白花花。

洗澡篇

大部分5~9岁的孩子都能独自完成洗澡的任务,但是还是需要家长的监督和帮助。不要让6岁以下的孩子独自待在浴室里,要时不时地关心一下他们，因为他们可能需要帮助。六七岁的孩子一般以淋浴为主。家长正确指导孩子洗澡的步骤：

1. 准备好换洗衣物、浴巾和洗涤用品。
2. 先放水，确定水温，以37 ℃~40 ℃为宜。
3. 按照从头到脚的顺序搓洗。
4. 擦干身体，吹干头发，注意保暖和防滑。

（二）自立课程：给予尊重信任，尝试独立自主

自立课程倡导"给予尊重信任，尝试独立自主"，主张家长应积极发挥榜样示范作用，引导孩子由依赖父母向勇于尝试转变，在丰富的实践活动中形成自立意识。

1. 指导策略

（1）尊重信任策略：尝试走向独立自主

尊重信任策略是指家长对待事情应询问和尊重孩子的意愿，鼓励孩子独立完成生活中的小事。

家长要主动调整自己的角色，遇到事情时应先询问孩子的意愿，学会放手，让孩子去探索并实践，鼓励孩子独立自主经历事情的全过程。比如孩子第一次自己去超市买东西，作为家长虽然有诸多担心，但仍要给予孩子信任，用言语鼓励他们勇敢地尝试。在这一策略的影响下，孩子在一次次放手、一次次尝试中减少对父母的依赖，逐步养成了独立自主的好习惯。

（2）躬行实践策略：实践发展自理能力

躬行实践策略是指家长在家庭中倡导劳动教育，指导孩子学习并承担一定的家务劳动。

家长应尽可能丰富孩子的劳动内容，比如洗衣服、刷碗、打扫卫生、简单烹饪等，鼓励孩子自己的事情自己做。除家务劳动之外，家长也应鼓

励孩子多参加一些社会综合实践活动,如家委会组织的"千里远足我能行"活动等。躬行实践策略,使孩子在习得劳动技能的同时,逐步锻炼自理能力,并在心理上削减对家长的依赖。

(3)榜样示范策略:示范互动推动成长

榜样示范策略,是指家长利用孩子的"班级圈""朋友圈",有效引导孩子以独立性较强的同学为榜样,唤醒孩子的独立意识。

在孩子与同伴相处的过程中,家长应有意识地表扬孩子在独立性方面做得好的地方,也可通过玩耍、读书、游戏等互动活动,带动孩子克服依赖,走向独立。在榜样示范策略的影响下,孩子之间形成了"见贤思齐"的良好氛围,独立做事的能力明显提高。

2. 课程内容

课例1:"这事儿听你的"

"成功的教育是一场体面的退出。"让孩子具备独立自主的能力,自己承担起相应的责任,是教育的最终目标。孩子独立思考能力的培养,离不开父母积极正面、客观理性的引导。父母的价值观、思维方式总是会潜移默化地影响到孩子。

有时候听到家长抱怨自己的孩子不爱动脑筋、懒得思考,或者是孩子总是在生活中做出一些错误的选择。可是,这样抱怨的家长,你是否给过孩子一个独立思考的机会呢?

本课针对父母教育的困惑,引发家长联系日常生活中自己的言行进行思考:"我充分尊重自己的孩子吗?我的孩子在家庭哪些事务中享有决策权?"进而促使为人父母者有意识地去做出改变。

【情景窗】

"孩子要是没人催着,就什么也不干,怎么办?"

"我觉得,我要是不严格管理孩子,他就会像脱缰的野马,这样他就学不了好。"

亲爱的家长,你是不是也有类似的想法,认为我们的孩子太小了,做出重要的决策对他们来说还太早？

这节课，就让我们父母来学着隐入幕后，让孩子走到台前，让孩子独立思考、为自己负责，真正体验成长。

当我们表示希望孩子尽可能做出"明智的决定"时，我们实际上是希望孩子做出让父母满意的决定。作为父母，我们的确有责任为孩子提供那些他们欠缺的信息和视角，以便他们能够做出最好的选择。事实上，一旦听取了适当的信息，孩子通常就会做出正确的决定——不但不比我们差，有时甚至还会更好。

【家长课堂】

避免误区

"你来定"并不意味着孩子可以在所有事情上都拿主意。

比如：孩子说"每天的晚餐都要有巧克力蛋糕！"时，父母不应该埋葬自己的权利和感受；孩子说"我一定要去游乐园！"时，如果父母已经身心疲惫，我们并不建议父母强撑着带孩子去。作为父母，你要做自己感觉合适的那些事，同时，你还要帮助你的孩子领悟这一点。"我不能因为爱你就放纵你做出这个决定，因为这个决定听起来就不靠谱。"你可以如实跟孩子这么说。

这么做的4个理由

①让孩子提前积累生活经验

我们鼓励孩子自己做出决定，就是赋予他宝贵的经验，让他能理智地评估自身需求，关注自己的感受和动机，进一步在抉择中平衡利弊，并试图自己做出最明智的决定。对孩子来说，这一点还会在他未来的发展中换取巨大的回报。

②不要让孩子觉得自己是个"空心人"

我们在试图指导孩子的生活时，可能会看到短期的收益。可是，我们也忽视了长期的损失。这会引发一个问题：即使他们在以后的生活中取得了成功，他们也会觉得自己虚有其表，仿佛他们的成功压根不是真的。

"如果父母养育过度，会怎么样？"这个问题是真实且普遍存在的。现在社会中，很多父母正疯狂地加大投入，美其名曰"不让孩子受苦"。但是，大家有没有想过：让孩子吃点苦又怎样呢？请尝试说出这句话："我相信你有能力做出明智的决定，就算不那么明智，你也能从错误中吸取教训。"

③让孩子脚踏实地地体验生活，是培养胜任力的好方法

"智慧来自经验，而经验来自失策。"孩子需要先练习做出决定，随后才能掌握怎么做出正确的决定。单单告诉我们的孩子，如何才能做出正确的决定是远远不够的，而且这也起不到示范启发作用。他们必须脚踏实地地去体验，去练习。小到今天出门穿什么衣服、今天晚上怎么安排自己的学习，大到分配自己的时间和精力、选择自己的学业去向等。

④孩子有必要了解，对他们而言，到底什么才重要

明智的决策的确依托于知识的启发，但这远远不够。情感在指导我们思考、决策和行为方面，也起着至关重要的作用。在缺乏情绪指导的情况下，我们不可能评估某事物是好是坏、是对是错。我们也希望孩子能关注自己的情绪。孩子必须能够感知到嫉妒、内疚、同情、钦佩之类的感受，才能更容易考虑到他人的需求和期待。同时，他们也必须学会，当自己身处愤怒、嫉妒、怨恨中时，又该如何应对。

我们的建议

平时你要多说这样的话："我相信你能做出明智的决定。虽然咱们说好这事最终由你来定，但是我还是想让你做出尽可能好的选择，所以我想帮你考量一下各种选择的利弊。我还期待你能与拥有更多经验的人谈一谈，并听听他们给你的反馈。最后，如果你的计划没有按照你预期的路子走下去，我觉得咱们就要一起讨论怎么另谋出路，这也非常重要。"

这话很有深意，表达了以下几点：一是你信任他；二是你会陪伴他且支持他；三是你引导他思考，带领他去对抗挫折，并不把犯错看成失败。

课例2：培养孩子的自信

父母是孩子的第一任老师，孩子的成长与父母有很大的关系。一个人

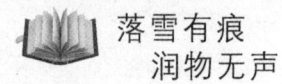

在人生的道路上能走多远，在人生的战场上能取得多大成就，除其他因素外，最关键的因素就是父母如何培养他的自信。自信是一个人能力的支柱，也是打开一个人生命潜能大门的钥匙。自信是一个人取得成功最重要的意志品质，是需要从小培养的。那么，我们应该如何培养孩子的自信呢？

本课针对父母的教育困惑，从以下4个方面提出了解决问题的方法，即调整成人与孩子间的关系、言传身教、重视与保护孩子的自尊、让孩子从成功的喜悦中获得信心。希望能帮助孩子们培养自信，激发潜能。

【情景窗】

生活中，父母们经常会发现这样的现象：遇到什么问题，在咨询孩子意见的时候，孩子总是不出声，对父母言听计从，没有自己的主见；有的孩子非常怕生，不敢回答老师的问题，不敢面对小朋友唱歌，不愿抛头露面，甚至不想接触生人；有的孩子因为经常被批评、指责，会变得少言少语，进而不喜欢和周围的人交流，觉得尽量少说话可以减少被批评的概率……如此种种，都是孩子缺乏自信的表现。孩子的自信心不是与生俱来的，那么家长该如何培养孩子的自信心呢？

【家长课堂】

自信心是进取心的支柱，是孩子有无独立能力的心理基础。自信心对孩子的健康成长和各种能力的发展，都有十分重要的意义。孩童期的自信心对一个人的一生都具有举足轻重的作用。培养孩子的自信心，可以从以下几点做起：

①调整家长与孩子之间的关系

孩子与家长间的关系如何，在很大程度上决定了他的自信程度。培养孩子的自信心，首先应检查一下自己与孩子的关系是否有助于自信心的培养。如果孩子感到父母喜欢他、尊重他，态度温和，往往就活泼愉快、积极热情，自信心强。相反，如果父母对孩子常常训斥、态度冷淡，孩子就情绪低沉，对周围的事物缺乏主动性。

②要言传身教

创设培养孩子自信心的环境，让孩子在潜移默化中自信起来。平时，家长要常对孩子说一些鼓励的话："你一定能行，你肯定做得不错。"因为孩子的自我评价往往依赖于家长的评价，家长以肯定的态度对待孩子，孩子就会在幼小的心灵中意识到："别人能做到的，我也能做到。"家长是孩子的效仿榜样，因此，在孩子面前更应该自信、乐观、有魄力、办事不怯懦。为孩子树立良好的形象，创设良好的精神氛围，也是形成孩子自信心的重要因素。

③重视与保护孩子的自尊

多赞许，少责备，有助于提高孩子的自尊心。有高度自尊心的孩子，对自己所从事的活动充满信心，而缺乏自尊心的孩子，认为没人爱他，便不愿参加集体活动。因此，作为家长，切忌用尖刻的语言讽刺挖苦孩子，不用别家孩子的优势比自家孩子的不足，不能在别人面前惩罚孩子或不尊重孩子，不能把孩子的话当"耳旁风"，不滥施权威，以免损伤孩子的自尊心，使之产生自卑感，丧失自信心。家长要特别注意保护孩子的自尊心，帮助孩子树立坚定的自信。

④让孩子从成功的喜悦中获得自信心

培养孩子自信心的条件是让孩子不断地获得成功的体验，而过多的失败体验，往往使孩子对自己的能力产生怀疑。因此，教师、家长应根据孩子发展的特点和个体差异，提出适合其水平的任务和要求，确立一个适当的目标，使其经过努力能完成。如让他跳一跳，想办法把花篮取下来，从而在不断的成功中培养自信。花篮不能挂得太高，孩子的实际能力达不到，就会连连失败，致使自信心屡屡受挫。同样，他们也需要通过顺利地学会一件事来获得自信。一个在游戏中总做不好的孩子，很难把自己看成是成功的人，他的自信心会降低，并不愿再去努力，越是不努力，就越是做不好，就越是不自信，由此形成恶性循环。家长应通过帮助他们，完成他们想要做的事来消除这种恶性循环。另外，对于缺乏自信心的孩子，家

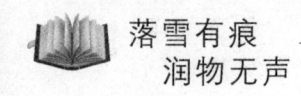

长和教师要格外关心。如对胆小怯懦的孩子，要有意识地让他们在家里或班级上担任一定的工作，在完成任务的过程中培养勇气与自信。

（三）自律课程：提高做事效率，提升执行能力

自律课程以"任务清单""由易到难""激励赏识"等实用策略，引导学生从合理安排自己的学习与生活入手，提升做事的计划性、执行力与效率，在日积月累中收获自律的品格。

1. 指导策略

（1）任务清单策略：提高自觉做事效率

任务清单策略是把学生的作业看作一个整体，然后根据学情将其分解成一项项"任务"，并为每项"任务"规定完成时间，形成一份具有计划性的任务清单的一种策略。

该策略指导家长和孩子一起将作业进行分解，化整为零，通过一项项"任务"去各个击破，逐个完成。任务清单策略可以激发孩子主动做事的兴趣，提高孩子自觉做事的效率。

（2）由易到难策略：阶梯提升执行能力

由易到难策略即把孩子的作业内容按照由易到难的顺序进行安排，让孩子实现阶梯式完成的一种策略。

将孩子的作业内容按照由易到难的顺序进行安排，对作业中难度相对较高的内容可采用游戏或者竞赛的方式来完成。通过设定目标或积极鼓励，让孩子阶梯式地完成作业。由易到难策略可以培养孩子完成作业时的专注力，提升孩子的执行能力。

（3）激励赏识策略：平和心态增强自信

激励赏识策略即通过对孩子进行及时的激励，对孩子取得的进步给予赏识性评价的一种策略。

鼓励孩子自己检查作业，并指导孩子寻找出错的原因；经常翻翻老师

批改过的作业本,帮孩子分析出错的原因。孩子在学习上哪怕取得点滴进步,家长都要及时赏识和鼓励,以便树立孩子的自信心。激励赏识策略逐渐培养了孩子平和的心态,让孩子在平和中增强了自信心。

2. 课程内容

课例1:学会制订学习计划

中国有句古话:"凡事预则立,不预则废。"意思是说不管做什么事,如果先有了打算,往往能取得好的效果,否则就有可能失败。现实生活中有很多孩子不计划或者不会制订计划,导致学习半途而废。智力水平相当的两个孩子,一个有学习计划,一个没有学习计划,他们的学习效果是大不相同的。按计划进行学习,获得成功之后,会产生一种充实感和成就感。可见从小培养孩子制订计划、执行计划是非常重要的。本课针对父母教育的困惑,从自我分析、确定目标、持之以恒、阶段评估四大方面入手,帮助家长指导孩子制订科学、合理的学习计划,从而提高学习效率。

【情景窗】

君君学习缺乏计划性,周末作业总是拖到周日晚上完成,而且经常忘记复习课堂所学的内容,对待学习显得力不从心。平日里,君君觉得自己学习已经很努力了,可还是感觉很多事情都没做好……

【家长课堂】

家长朋友,您的孩子是否也存在这些问题?想让孩子学习不慌乱,首先要制订一个从自身出发的学习计划,从而合理地安排时间,养成良好的学习习惯。那么,作为家长,如何引导孩子制订切实可行的学习计划呢?

自我分析

首先,我们要引导孩子进行自我分析,更好地了解自己。要让孩子认清自己的优势和劣势,分析自身的实际学习情况,不要看别人定什么目标,自己也定什么目标。不适合自己的目标,结果不是半途而废,就是丧失了对学习的兴趣和信心。所以,首先要让孩子明确自己的优点和不足,找到需要加强、提高的地方。

确定目标

简而言之，学习计划就是规定在什么时候采取什么方法、步骤，达到什么学习目标，按部就班地完成，达到预期的结果。

但在制订目标时，也不能"一口吃成个胖子"，可以把一个学期的大目标分解为一个个阶段性的小目标。另外，有效的计划应该清晰阐明行动的细节、地点以及方法，做到简单清晰、目标明确。

学会利用零碎的时间也是非常重要的，碎片时间积累的力量和作用也很可观。学会用一点一滴的时间完成最终的目标，这样就更加有利于把大目标分解成小任务。

持之以恒

计划定下来后一定要坚持，执行计划的过程同时也是训练自己遵守规则、养成良好习惯的过程。

有的计划是需要长期坚持的。比如每天抽出一定的时间背诵单词。这种训练可能持续两三个星期都不会看到十分明显的效果，但坚持半年到一年，词汇量会有惊人的提高。

有拖延习惯的孩子，更需要在计划中详细地规划时间，这也能对自己起到限制约束的作用，从而努力培养抓紧时间、提高学习效率的好习惯。比如制订好学习计划后，准备一个小本子，把当天需要完成的任务及时间安排写在上面，做完一项就在后面打一个钩。

阶段评估

开学一段时间以后，可以阶段性地回顾学习计划的完成情况。如果计划完成得较好，看到自己的进步，孩子会更有动力，并以此为依据调整制订更适合的学习计划。

如果计划完成得不好，阶段评估可以发现自己在完成计划的过程中出现的问题，了解不太符合实际情况的地方，并以此作为调整学习计划的依据，使计划执行起来更有效。

课例2：按时完成学习任务

良好的学习习惯是保证孩子学有所成的必要条件。孩子按时完成学习任务，不仅可以提高行动力和执行力，做到对知识的融会贯通，还能养成"今日事今日毕"的优良品格。

孩子不能按时完成学习任务，家长该怎么办呢？

针对这个问题，本课从以下3个方面入手，即：对症下药——找出孩子不爱学习的原因；精准施策——提出科学有效的学习方法；巩固提升——培养孩子主动的学习方式。希望本期课程能帮助孩子们按时完成学习任务，养成良好的学习习惯。

【情景窗】

"妈妈，我想看电视，一会儿再写作业好不好？"

"妈妈，我想上厕所，一会儿再看书好不好？

【家长课堂】

家长朋友们经常面临孩子写作业拖沓、不能积极主动完成学习任务的问题。此时，帮助孩子正确认识学习的重要性，提高学习主动性，按时完成学习任务，就显得尤为重要。

习惯养成

①读写做到"三个一"

读写时，要教会孩子做到"三个一"，即"眼距书一尺，胸距桌一拳，手距笔尖一寸"。读写姿势要端正，脊柱正直，不耸肩，不歪头，不伏在桌子上，大腿呈水平状态，两足着地，连续看书一小时中间要休息一会儿。读写时光线要充足、适度，不要在强光或弱光下看书、写字；不要在行进的车上看书；不要在走路时看书；不要躺着看书。

②科学安排时间

做到该学学、该玩玩。该学习时，不用别人督促，主动学习；该活动时快快乐乐去活动。

③预习

预习时应对要学的内容认真研读，通过预习提示、查阅工具书或有关

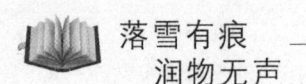

资料等方式加以理解，对有关问题认真思考，把不懂的问题做好标记，以便课上有重点地去听、去学、去练。

④认真听课

引导孩子听课要做到情绪饱满，精力集中；抓住重点，弄清关键；主动参与，思考分析。

⑤上课记笔记

在专心听讲的同时，要动笔做简单记录或记号。对重点内容、疑难问题、关键语句进行"圈、点、勾、画"，把一些关键性的词句记下来。

⑥多思善问

"多思"就是对知识要点、思路、方法、知识间的联系、与生活实际的联系等认真思考。"善问"是指不仅要多问自己几个"为什么"，还要虚心向老师、同学及他人请教，这样才能发现问题，增长知识，有所创造，提高自己，要做到决不轻易放过任何一个问题。

⑦敢于发表不同见解

要敢于怀疑，敢于突破旧观点，敢于对问题进行讨论，敢于发表自己的看法，有理有据地阐明自己的观点。发表见解时，声音要洪亮，表述要准确，逻辑要清楚。

⑧协作研讨

要学会团结协作，共同完成学习任务。要善于帮助别人，也要善于向别人学习。

⑨课后复习

课后不要急于做作业，一定要先对每一节课所学内容进行认真的复习，归纳知识要点，找出知识之间的联系，明确新旧知识的关系，思考解决问题的方法。

⑩及时完成作业

做作业时，要认真思考，认真书写，一丝不苟。对作业中出现的问题，认真寻找解决的方法。作业写完后，要想一下问题的主要特征和要点，以取得举一反三的效果。作业中有错误，要及时改过来。

（四）自读课程：激发阅读兴趣，拓宽文化视野

自读课程通过"亲子共读""阅读表达""读行结合"等策略，践行学校"读书三个一"（每天读一次书，每周读一本书，每月买一次书）阅读理念，多层次、多维度地指导家长在家庭生活中激发孩子的阅读兴趣，帮助孩子在阅读中拓宽视野、砥砺品格、丰盈生命。

1. 指导策略

（1）亲子共读策略：营造书香家庭氛围

所谓亲子共读，就是提倡父母和孩子共读一本书，增加父母对孩子的陪伴，从而促进亲子关系的融洽发展。比如，在家庭中设立读书角，鼓励孩子利用课余时间多读书，读好书；家长利用早晨、午饭后，或者睡前10分钟等时间与孩子共读，培养孩子阅读的时间观念。

亲子共读应遵循以下5个原则：

①整体性原则：在孩子进行阅读时，需要让孩子先完整地接触阅读材料，然后再逐个分解。如阅读《小红帽》，先要让孩子把故事从头到尾看一遍，然后再有重点地"定格"画面，进行指导、讲述。

②愉悦性原则：在亲子阅读的过程中，家长不仅要注意营造愉快的阅读环境和氛围，更要注意选择合适的阅读材料。如选择一些色彩鲜艳、主体形象鲜明的图书，一些熟悉的或与生活经验有关的绘本等。

③可接受性原则：阅读的内容必须高于孩子已有的认知和理解水平，但经过一定的努力，又能够为孩子所理解与接受。

④渐进性原则：家长在指导孩子阅读时要理解孩子从开始接触阅读材料到理解和用语言表达，甚至发表自己的观点、见解都有一个渐进的过程。只有在理解和用语言表达经历较长阶段后，孩子才能进入发表自己的

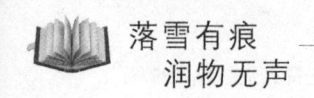

观点、见解的阶段。

⑤滞后性原则：家长在孩子表现出与我们期待的行为不一样的时候，要用发展的眼光、鼓励的口吻、亲和的态度来评价孩子的表现。

亲子共读策略，有效指导家长营造良好的家庭氛围，潜移默化地影响孩子，为孩子养成良好的阅读习惯打下了坚实的基础。

低关注阅读家庭教育案例

姓名	小凯	年龄	9岁
个案研究背景	由于小凯的父母工作较忙，所以小凯在家庭中的主要教养人是爷爷奶奶。爷爷奶奶文化水平不高，平时对其非常溺爱，导致小凯各方面的能力不是很强，具有较强的依赖性。在阅读活动中，小凯的自主阅读能力及独立阅读能力偏低。家中阅读环境欠佳，小凯参与阅读的机会很少，属于低关注阅读家庭类型。			
个案主要问题	根据教师观察，小凯在学校是个活泼的小朋友，好奇心特别强，对任何事情都表现出浓厚的兴趣，但持续时间短，很容易受到外界干扰。在集体阅读教学活动中，小凯已经知道翻阅图书的一般规则，能够从前往后一页一页翻阅。但在区域活动中，小凯的阅读兴趣、积极主动性不高，不能保持阅读习惯，常常是被动阅读，很少参与区域阅读活动。尤其在家庭中，教师从对其父母的访谈中得知，小凯在家的主要活动是看电视，很少主动阅读。由于小凯没有自己的阅读空间，几乎没有亲子阅读时间，并且很少到图书馆、书店感受读书的氛围。			

续表

姓名	小凯	年龄	9 岁
个案指导策略	\multicolumn{3}{l	}{1. 指导家长为孩子营造温馨舒适的阅读环境 在家中，孩子自主阅读得到保护、重视，对于阅读兴趣的培养、阅读习惯的养成都有着积极的作用。小凯在家阅读兴趣低，阅读主动性不高，主要原因在于家庭中没有创设良好的阅读环境。因此，教师与家长沟通，做了具体指导：为孩子量身定做学习小书桌；选购丰富多样的图书，发挥家长榜样示范作用，让小凯在良好的环境熏陶下自主阅读，无形之中为小凯的自主阅读提供帮助。 2. 指导家长积极展开亲子阅读活动，增强阅读氛围 （1）时间要求 请家长坚持每天在家进行亲子阅读，时间不少于20分钟；每周带小凯去一次书店，进行亲子共读。 （2）内容、形式 指导家长在家庭中进行形式多样的亲子阅读活动，激发孩子兴趣，探索多样的阅读方式。 ①设疑式——猜一猜 阅读前，可以先提几个问题，让孩子带着寻求答案的心理，调动他对故事的兴趣。有的故事则可以在讲述中设置悬念，讲到关键处，突然来个急刹车——接下来会发生什么呢？你猜猜看！这时，孩子往往是急不可待地要继续下去。 ②交流式——聊一聊 孩子的情绪极易受他人感染，所以如果父母经常与孩子交流自己看的书，比孩子单方面看书的效果要好很多。平时多和孩子讨论书中的情节，以平等的口吻跟孩子交流你们各自的体会，这些无疑会大大加深他对读物的理解，进一步启迪思维、积累语言、激发兴趣。}

续表

姓名	小凯	年龄	9岁
个案指导策略	③活化式——演一演 　　对于讲熟、讲透的故事，我们要求家长引导孩子进一步深入理解内容和应用故事中的语言。在家庭中可以分角色表演，开始时可以是父母试着用生动的语言去模仿故事中的对话，然后引导孩子参加表演，并且一定要告诉孩子每一本书都是一个好听的故事，都可以让全家人来表演。运用表演将书本活化，对孩子的理解力、表现力以及肢体运动能力的发展影响很大。 　　④家长评价策略 　　家长开展积极有效的评价策略，如通过复述等形式了解孩子对阅读材料的掌握状况，激发孩子的阅读兴趣。 　　3. 培养孩子整理图书的习惯 　　现在的孩子都是家里的小宝贝，很少会自己花费时间和精力整理图书，一般都会有依赖父母管理图书的不良习惯。父母应该教导自己的孩子，经常一起整理书柜，养成良好的整理习惯，从而产生更多的阅读积极性。		
案例指导成果	1. 个人方面 　　经过2个月的指导，小凯可以积极主动地参与阅读活动，并养成了良好的倾听习惯。 　　2. 家庭方面 　　在教师的指导下，小凯父母能积极参加学校组织的阅读活动，并在家里积极营造读书的氛围。小凯拥有了独立的阅读空间，书籍摆放整齐，亲子阅读氛围浓厚，正在努力建设一个充满"书香味"的家庭。		

高关注阅读家庭教育案例

姓名	小智	年龄	9岁
个案研究背景	父母是小智的主要教养者。家庭浓厚的阅读氛围，使他从小就有机会接触适合年龄特点的各类图画书籍，激发了其对书的兴趣。同时，父母对家庭教育非常重视，积极有效地开展亲子阅读活动，极力为他准备丰富多样的阅读材料，创设温馨的亲子阅读氛围，更使他对读书的兴趣发展为对学习文学作品的渴望。			
个案自主阅读表现特点	小智是个活泼、开朗的孩子，对什么事都很热心，积极参与学校各项活动，学习自主性较高。在阅读活动中，他积极性较高，自主阅读意识较强，能主动参与区域阅读活动，喜欢听情节较为复杂的、冒险的、有悬念的故事，并且会通过提问、回答问题以及评论故事的方式，表现自己对故事的理解能力。在家中，父母为他创设了没有限制的阅读环境，对其阅读兴趣及能力的培养十分关注。			
个案指导策略	该家庭属于高关注阅读家庭类型。在指导过程中，教师侧重于指导家长在家中展开亲子阅读活动，强调孩子与家长的互动，有效地培养孩子对图书的热爱之情，更好地激发孩子独立阅读的兴趣，不断丰富孩子的阅读经验。 1. 家长应慎重为孩子选择阅读书目 该学生自主阅读兴趣偏高，在选择内容时，既要贴近他的生活，又要为他的阅读理解带来一定的挑战性。			

续表

姓名	小智	年龄	9岁
个案指导策略	2. 帮助家长构建科学的亲子阅读指导方式 （1）根据阅读难易程度、类型和孩子的能力，采用不同方式展开亲子阅读活动。在阅读前，家长应该先熟悉读本，综合考虑读本特征以及自己孩子的具体发展情况，确定哪些内容易于理解，不需额外解释；哪些是不熟悉的，对孩子来说比较困难，需要特别指导。孩子先前的知识经验，会影响他们目前的阅读理解。家长应该先了解孩子目前所拥有的、能够帮助他理解文本的知识有多少，还需要补充哪些信息。家长要时刻注意有意识地利用孩子已有的经验，促进当前的学习和理解。 （2）家长共读、互相倾听分享。针对小智自主阅读的特点，家长可选择一些篇幅较长的阅读文本，以满足其阅读需要。在亲子共读时，重点部分必须依照原文朗读，非主要情节可采用讲的方式略过。读完后可让孩子复述，也可和孩子分角色讲述，这有利于孩子记住作品的内容，培养学习的自主性。 （3）重复阅读，促进其全面发展。根据小学生身心发展特点，孩子特别喜欢重复读作品。孩子每一次读作品的感受都不同，在每一次阅读活动中一点点地加深对作品的理解，把握作品的细节，并获得审美情感体验。重复阅读鼓励并引发孩子对于书的进一步探索。 （4）通过绘画、表演、做手抄报、写感受等多种方式，扩展孩子的阅读经验。在孩子学会独立阅读之后，家长可以鼓励孩子自己进行一些与读本内容有关的活动来扩展阅读经验，如提取读本中的主要内容自制小书。 3. 加强图书整理技巧的培养 创设孩子图书专用区，不要和大人的书混在一起。定期增加图书种类和数量，帮助孩子逐步形成自主管理图书的习惯。		

续表

姓名	小智	年龄	9岁
个案指导成果	通过家校共育，小智自主参与阅读活动的兴趣越来越浓厚，学会了认真倾听别人说话，能在集体中讲述自己的请求和愿望，有较好的阅读习惯与方法。其父母也在分享阅读活动中受益匪浅，成为我校分享阅读课题研究的"志愿者"。		

（2）阅读表达策略：多维激发阅读兴趣

所谓阅读表达策略，就是主张孩子在"输入"（阅读）后能有所"输出"（表达），即通过不同方式将阅读内容表达出来。

家长可以设计亲子阅读记录卡，利用家庭故事会将读书、说话与画画结合起来，鼓励孩子述说自己读过的故事；还可以让孩子把自己读过的内容画成一幅画，通过绘画表达自己的感受。

（3）读行结合策略：广泛拓宽文化视野

所谓读行结合策略，就是主张孩子将书本中学到的内容与生活中的感悟相结合，从而真正将学习融入生活。

通过开展"红色主题研学""春天诗歌节""名人故居研学"等主题性阅读活动，指导家长利用闲暇时间与孩子共同参加主题性社会实践活动，让孩子在活动中真实感悟书中景、书中人、书中事，真正在读行结合中拓宽文化视野，提升阅读兴趣，培养良好的阅读习惯。

读行结合策略，让孩子将"读"与"行"结合起来，在"读"的过程中了解认识，在"行"的过程中真正触摸感悟，进而拓宽文化视野。

学生研读案例1：游雷神庙

我的家在牟平雷神庙大街上。小时候我曾问妈妈："为什么这条路叫'雷神庙大街'？"妈妈回答说："因为这条路上有雷神庙战斗遗址。"

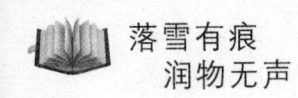

它位于牟平城南,是金朝宁海州学正范怿之侄范明叔的花园,史称"范园"。"范园春晓"原为牟平十景之一。明崇祯七年,宁海州大旱,知州饶登率大小官员去城南金龙庙祈雨,归途中经过范园,适逢暴雨大作,认为是雷神显灵,于是在此地建起雷祖殿,俗称雷神庙。后又在此建起三清殿、岳王庙、南厅及东西两厢,形成一座四合院式庙宇。

一天,我们全家去参观了雷神庙,首先看到庙外面有个石碑刻着"雷神庙战斗遗址"。一进门,中间是个墙,墙上是红红的党旗,显得很庄重。两边种着柏树,绿树长青。沿着小路继续往里走,并排的是雷神庙、岳王庙和三清殿,里面收藏了许多字画,都是用来纪念抗日英雄的。

一进西厢,墙上就写着"胶东战争第一枪",里面摆放了许多抗日英雄的画像和记载他们战斗事迹的文书,这让我知道了现在的和平来之不易。

我们要让这份来之不易的和平继续下去。

学生研读案例2:美丽的泰山

泰山又名岱山,被人们称为"五岳之首"。主峰海拔为一千五百四十五米左右。它气势雄伟,有"天下第一山"之美誉。

泰山拔起于齐鲁丘陵之上,主峰突兀,山势险峻,层峦叠翠,有"一览众山小"的高旷气势。泰山多松柏,郁郁葱葱,苍翠欲滴,更显庄严、巍峨。

泰山日出是泰山最壮观的奇景之一。当黎明时分,游人站在峰顶举目远眺东方,一线光由灰暗变成淡黄,又由淡黄变成橘红,而天空中的云朵,红紫交辉,瞬息万变,漫天彩霞与地平线上的茫茫云海融为一体,犹如巨幅油画从天而降。太阳慢慢地透过云霞,露出了早已涨得通红的脸旁,像一个害羞的小姑娘张望着大地,冉冉升起在天际。瞬间,金光四射,群峰尽染,好一派壮观而神奇的日出景象。

从山顶往下望，到处云雾迷蒙，犹如一条条白色丝带缠绕在山间，一阵阵微风拂过，让人心旷神怡。渐渐地，远处的雾散开了，露出了一座座尖耸的山头，我望着远处此起彼伏的群山，心里舒畅极了。雾完全散开了，放眼望去，葱茏的草木掩于山间，悬崖峭壁像是被刀砍斧劈过，透着粗犷与危耸。

我爱你！美丽的泰山！我要为你点一个大大的赞！

第三节 "润合共育"模式的实施成效

《国家中长期教育改革和发展规划纲要》强调:"促进德育、智育、体育、美育有机融合,提高学生综合素质,使学生成为德智体美全面发展的社会主义建设者和接班人。"第六小学在教育实践中,深入贯彻党的教育方针,引领教师积极学习家庭教育理念,引导家长掌握科学的教育方法,共同助力学生健康成长,取得了显著的教育效果,实现了学生、家长与教师的实质性转变。

一、亲子关系融洽,涵养良好家风

在"润合共育"实施过程中,通过接受线上公益课堂、家长会、润合讲堂、润合心语等多种形式的家庭教育指导,家长对待家庭教育的重视度以及专业性普遍得到提升:82.5%的家庭着重对亲子关系进行有效指导;78.3%的家庭注重对孩子学习习惯(包括作业效率、听讲习惯、学习认同感、学习方法等)的指导;62.5%的家庭注重对孩子综合能力(包括自我约束能力、自我规划能力、独立处理问题的能力、人际交往能力等)的指导。

在"我的家教好故事征集"暨"智慧家长"评选活动中,多位家长参评并取得佳绩。

【"智慧家长"评选·家教故事案例】

言传身教,助力成长

我常常思考,父母在孩子生命中应该扮演怎样的角色?我们都知道,父母是赋予孩子生命并将他养育成人的人。除此之外，父母还能成为什么？

在我看来，除了给予孩子生命，父母更重要的角色是孩子生命中第一任也是最重要的老师。正如习近平总书记所说，家庭是人生的第一所学校。父母的言行以及整个家庭的氛围对孩子三观的形成、人生道路的发展方向，都会产生至关重要的影响。中国历来就有重视家教的传统，古有孟母三迁、曹操严慈兼具，今有梁启超的家风家训、傅雷的家书。作为一名家长，从孩子诞生的那一刻起，除了欣喜和感动，我更知道从此肩上多了一份责任——我必须尽自己所能营造一个良好的家庭氛围，陪伴孩子度过这段旅程。

今年我的孩子上小学三年级，我们的家教对象不仅是孩子，也是第一次做父母的我们。家教第一条便是"做事先做人"，只有先会做人才能学会做事。所谓做人就是养成良好的品德和修养，懂得礼仪，明辨是非。为了帮助孩子成为一个善良有道德的人，我们家分别从餐桌礼仪、待人礼貌这两个方面，言传身教地给予孩子教育和培养。

从孩子会自己吃饭开始，我们就要求他在长辈动筷之前不伸手夹菜；如果是和爷爷奶奶一起吃饭，作为父母的我们也会等到孩子的爷爷奶奶开始吃饭后，再拿起筷子。在孩子年纪尚小的时候，除了亲近的家人，他见到外人从不主动问好；对于其他亲戚，或是来家里做客的外人，孩子会有些害羞，不好意思打招呼。这时我和他的爸爸便会告诉他："孩子，你看，今天阿姨特意买了你爱吃的零食来看你，如果你不主动问候阿姨的话，阿姨会伤心的，她就再也不来看你了。"慢慢地，孩子在我们的引导下也会主动问候人了。

孩子进入学校以后，除了基本礼仪道德的培养，作为家长的我们还要负起帮助孩子学习的责任。在学习教育上，我们家的家教可用六个字来总结：陪伴、尊重、鼓励。

陪伴，和孩子一起成长。从幼儿园到小学，孩子不仅生理上在悄悄发

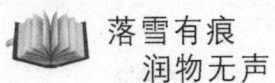

生变化，新的环境也会导致他的心理发生改变。知识难度的提高、学习要求的增多，都需要孩子尽快适应。家长要做的不只是负责孩子的饮食起居，还要积极配合学校，教育好孩子。在每一次追问孩子为什么考试不理想的时候，家长要先反思自己是否用了正确的方式去引导孩子的学习。从孩子步入小学开始，不管遇到什么难题和挑战，我们都是以一种陪伴的姿态，和他一起解决问题，而非责问和强求。面对孩子不喜欢阅读的问题，我跟他爸爸决定一起参与，每天一人负责读一篇，还会根据内容穿插一些小故事来引起孩子的兴趣。有一次读到一篇尊老爱幼的文章，我就给孩子讲了孔融让梨的典故，帮助孩子更好地理解何为尊老、何为爱幼。现在孩子最喜欢的就是阅读。

　　学校里的活动，对我来说是拉近与孩子之间的距离、了解学校的好机会，无论工作多忙，我都会亲自参与。学校开放日、亲子活动、家长会等等，参加这些活动不仅是为了完成学校交给的任务，更让我们与孩子的关系更加亲密，让他感受到父母对他的重视和关爱。

　　尊重，倾听他的声音，相信他的决定。尊重孩子，是父母该学习的一课。虽然孩子年纪尚小，很多想法比较幼稚，但是这并不意味着孩子没有表达权。作为一个独立的个体，他有权利也能够表达自己的想法。在我的家庭里，不管大事小事，孩子都有发言权。我们会一起讨论重要的事情，对于他提出的合理的建议，我们也会采纳。

　　孩子的爸爸有看新闻的习惯，孩子从小也跟着看。有一次，他突然问我们他长大后可不可以当主持人。我和爸爸当时就给予了肯定："你不但可以而且还会是一个出色的主持人，前提是你得肯努力。"从那以后，孩子养成了有声阅读的习惯。终于在步入小学后，孩子有了主持的机会。那天一放学，孩子就高兴地把稿子拿回来给我看，告诉我要从两个男生里面选一个当主持人的消息，问我他该怎么办。我告诉他，只要想做，就努力去争取。我喜欢看央视的主持人大赛节目，孩子也跟着我看，然后他就学着里面主持人的姿态站在那里一遍遍练习。看着他那认真的小模样，我就知道我的儿子肯定会被选上。在学校里，看到他在台上认真主持的样子，跟平时那个调皮捣蛋的孩子简直判若两人，我欣慰地流下了眼泪。回家后，我带他看了一遍他的主持视频，他自己就指出了哪句说快了、哪个动作不协调，这不就是孩子的成长吗？

鼓励，增强他的自信。比起所谓的"打压式教育"，我们家一直提倡以鼓励为主。孩子跟大人一样，"好面子"。如果经常批评孩子，或者在很多人面前直截了当地指出孩子的错误，不仅会让孩子觉得没有面子，还会让孩子的自信心受到很大的打击，在新事物、新挑战面前变得胆怯。在孩子的学习成绩上，我们也不是一味地追求满分。如果同样的科目，孩子这次考得比上次更好，哪怕只是进步了 0.5 分，我和他的爸爸也会表扬他、鼓励他。

家教，家教，"教"很重要，但更为重要的是在教的过程成为孩子的朋友，陪伴他、尊重他、鼓励他，和他一起成长为一个有责任、有担当、对社会有贡献的人，让他在家庭这个梦想起航的地方，能够展翅翱翔。

在感恩教育的影响下，学生逐渐懂得了知恩报恩，理解父母的养育之恩、师长的教诲之恩、朋友的帮助之恩，学会了体谅、帮助身边的人。

二胎妈妈想对儿子说

儿子，你刚上四年级的时候，妈妈怀孕了。因为爸爸不在身边，妈妈又是大龄孕妇，所以妈妈没有更多的精力照顾你。生了弟弟以后，妈妈想着一定要补偿孕期对你的忽略，可是弟弟太小，妈妈白天晚上一直照顾弟弟，反而更加忽略了你。妈妈很自责，可是儿子，你从来没在妈妈面前抱怨，去跟弟弟计较这些。相反，整个孕期，你都在照顾着妈妈；妈妈生了弟弟以后，你又有了哥哥的担当，十分关爱弟弟，妈妈很是欣慰。

记得有一次，咱家从姥姥家拉了 50 斤面粉，是你把这 50 斤面粉抱回了家。每次出去买东西，都是你拎着大包小包。生弟弟以前，妈妈弯不下腰，你给妈妈提鞋、拉拉链，还给妈妈洗过脚。妈妈都把这些记在心里。

后来，妈妈发现你的成绩下降了，心里很着急。妈妈只能训斥你，一训斥你你就顶嘴，你一顶嘴妈妈就更生气了。关于学习的"战争"打响，家里经常"烟雾弥漫"。妈妈很多时候在想，是不是妈妈怀孕后，没有精力照顾你，才导致你成绩下降？妈妈一边是气愤，气你顶嘴、学习不主动；一边是自责，自责对你的照顾不够。

儿子，妈妈今天想对你说，今后妈妈依然会对弟弟多照顾一些，因为弟弟太小，相信你能够理解妈妈，并且也会帮妈妈照顾弟弟。学习上，希望你依旧能自己管理好自己，不让妈妈操心，不让老师操心。从今往后，希望你能够更加努力地学习，早日实现梦想，成为对社会有用的人。加油吧，儿子！做弟弟崇拜的哥哥，做妈妈优秀的儿子，做老师省心的学生。加油吧，儿子！朝着自己的理想奋斗吧！

儿子，这是孕期你给妈妈洗脚的时候，妈妈拍下的照片，谢谢你。你总说我看不到你的优点，看到的全是你的缺点。哪有看不到自己儿子优点的妈妈？其实你在妈妈心里很优秀，如果你在学习上能主动些，不要太贪玩，那你就更棒了。

"润"是细雨无声的滋养与关爱，"合"是潜移默化的引导与教育。父母的言行是孩子成长的航标，家人的关爱是孩子成长的温床。家庭是人生的第一所学校，是孩子扣好人生第一粒纽扣的地方。

优秀家庭教育案例

如果说孩子是船，父母便是帆，从孟母三迁到岳母刺字，无数的父母都在为孩子的健康成长掌舵护航。如果说父母是大地，孩子便是春风，从黄香温席到孔融让梨，成功的家庭教育对父母和社会都是如沐春风般的宝贵财富。家庭教育可以在潜移默化中影响一个人的性格、处事方式和道德修养。很荣幸今天和大家分享一下我的教育经验，希望对大家有所帮助！

第四章 "和合共生"家校协同育人生态体系探究

一、重视培养孩子良好的习惯

父母是孩子的第一任老师,因此父母要注意自己的言行举止,注意是否会给孩子带来不好的影响,这要求父母平时在孩子面前做到以身作则。要想让孩子拥有良好的品质,就要从小培养孩子。当我的孩子还在上幼儿园的时候,我就意识到了这一点:比如,要求她把最大的水果拿到幼儿园分享,自己吃最小的;把自己喜欢的玩具拿出来与好朋友分享;等等。孩子上小学后,我又教育她要关心和帮助别人,不要只考虑到自己的利益,尊敬老师和同学,与人和睦相处。久而久之,我发现孩子的私心慢慢减少了。

良好的学习习惯也是从小慢慢养成的,我经常给孩子讲道理,激励她积极上进,努力学习。孩子每天放学回到家的第一件事就是完成作业,并且要保质保量。孩子在幼儿园的时候就坚持每天阅读各种绘本,现在到了二年级,依旧每天阅读课外书,形成了良好的阅读习惯。

二、注重和孩子的沟通

不论自己有多忙,我都会问问孩子的学习情况,问她作业有没有完成,问她老师讲课能不能听明白,有没有不懂的地方,鼓励她有不懂的地方要主动问老师。晚上回到家,我也会抽查孩子白天的学习情况,对孩子不懂的地方及时给予讲解。

我感觉小学阶段,尤其是低年级,是培养孩子形成良好学习习惯的重要时期,错过这段时期再培养则要花费更长的时间,且效果不一定明显,所以必须重视小学生良好学习习惯的养成。

孩子的内心世界很丰富,要想了解孩子,只能以心换心,用信任赢得信任,要保护好孩子的自尊,培养自信,要通过细心的观察、倾心的交谈、悉心的照顾了解孩子成长的烦恼和心灵的需求。要多跟孩子说说悄悄话,做孩子的心理医生,激发孩子上进的愿望。

三、让孩子"自己来"

培养动手能力和自理能力是非常重要的。让孩子在力所能及的范围内参加劳动，不仅可以培养孩子的劳动习惯和勤劳品质，还可以培养孩子的独立性、责任感、自信心、意志力等良好的素质和各种能力。所以在我女儿小的时候，我就开始让她做一些力所能及的家务，如扫地、穿衣服、洗袜子、整理玩具等。当然，这些工作孩子不一定都能做好，所以我们不能按照成人的标准来评价。孩子只要努力，就应该得到肯定。

在这种培养下，孩子在一点一点地进步。现在，我们要求她在生活中做到"自己的事情自己做"，如自己睡觉、叠被子、收拾书柜等。偶尔尝试做简单的炒菜和种植蔬菜，这对于她来说是一个更大的挑战，需要付出更大的勇气和努力。

养成良好的行为习惯不是一朝一夕的事，需要孩子的长期努力，需要父母坚持不懈地监督和引导。这就像岁月流逝、水滴石穿，一点一点进步，直到养成一个好习惯。

四、重视激励机制的使用

我给孩子的学习制订了一项奖励制度：在学习中达到了指定目标可以获得一张刮刮卡，卡里写的奖励内容都是学习用品或益智玩具，适当的奖励会使孩子对学习更有动力。

家庭教育是一门综合性很强的艺术，也是一个复杂的过程，更是一项伟大的事业。它要求家长整合各种知识，更好地与孩子沟通，调动孩子的积极性，让孩子在学习、生活、交友、修养等方面不断成长，充分发挥孩子的潜能。但是，每个孩子的教育方式也因人而异，只有因势利导、因材施教，才能帮助孩子从小找准方向，在前进的道路上大步走向明天！

部分家长养成了撰写亲子教育日记的习惯，记录孩子成长中的点点滴滴，从中发现孩子的习惯问题，并有意识地帮助孩子纠正。通过亲子日记的形式，家长们及时反思自己的不足，逐渐总结出培养良好习惯的经验，提高了家庭教育水平。

家长日记

2021年7月18日　星期日　晴

最近忙于工作，我真的体会到了时间的紧迫感，特别珍惜与孩子们相处的缝隙时间。

用"早出晚归"来形容我最近的状态最恰当了。早上出门时孩子们还在梦乡，没法交流；晚上回来孩子们就会特别亲我，这时就需要我抓住亲子相处的机会。

我接了个电话，需要去小区门口取个东西。"爸爸，我也可以去吗？"二宝边说边朝我走了过来。"可以，快来，你跟我做伴！"我说。去小区门口的路上，二宝一直不舍得松开我的手，懂事的他不再让我抱着了。回到家，我们一起下厨房动手做饭。老婆提前做好了主食，我就必须要掌勺了。因为我做的菜才是孩子们最爱吃的，他们可以"光盘"。老婆为了给我留点休息的时间，饭后陪孩子们下楼玩耍，真的很感动！我们要学会珍惜与孩子们的点滴时刻！

2021年7月20日　星期二　晴

陶行知先生与那只鸡的行为正应和了"强扭的瓜不甜"这句俗语。孩子的学习成长也是一样的道理，切忌把我们的愿望强加于孩子身上，把教育的目的曲解为考上一所名牌大学。

2021年7月21日　星期三　晴

下午接到老婆的电话："几点可以回来啊？""还不好说呢。"我答。原来今天大宝要去口才班学习，二宝也跟着过去试课了。可喜的是，孩子们都喜欢学习口才，顺其自然才是最好的教育方式。

当我回到家，发现门被反锁了，用钥匙开不了门。我随手敲了一下门，是大宝来给我开的门，原来老婆去楼下了。

"你在干吗？"我问大宝。

"我正在准备做蛋炒饭的食材。"大宝回答。

我看到有刚出锅的炒鸡蛋,还有切好的胡萝卜丁、黄瓜丁、火腿丁,说:"准备得挺齐全,注意用气安全。"

大宝回答:"嗯,我会的!"他只问了我食材入锅的顺序,就开始掌勺了。虽然我以前也吃过蛋炒饭,但是这次是大宝亲手做的,我总觉得这是我吃过的最美味的蛋炒饭。

假期里,我尽量给孩子动手实践的机会,让孩子认真地学习生活技能。

2022年3月19日　星期六　晴

昨天晚上和二宝洗过澡,来到卧室打开空调,我对二宝说:"爸爸要用手机写点东西。""爸爸,你写什么啊?"二宝好奇地问。"我要写你懂得分享的故事啊!"我说。"啊……写我,好吧!"二宝说。过了一会儿,老婆进来了,二宝说:"妈妈,爸爸在夸我做得棒呢,在写我懂得分享的故事!""是吗?懂分享的你确实做得很棒!"老婆说。

今天在孩子的爷爷奶奶家吃饭,除了我们,还有一位朋友来做客。菜基本上齐了,大家都落座,只有孩子奶奶在煮水饺。这时二宝离开餐桌,拿来了饮料。二宝先给客人一瓶,再给爷爷一瓶,然后问:"奶奶呢?"听到我们说奶奶正在煮水饺,他就给奶奶送了过去:"这是您的,一会儿喝了吧!"通过分饮料这件事,我看出二宝知道谁是长辈先分给谁的道理。我给他点赞:"虽然这看似是件不起眼的小事,但是因为你尊敬长辈,懂得分享,值得表扬!爸爸相信你下次会做得更好!"

二、家校合作指导,培养良好习惯

在"学校指导家长培养学生良好行为习惯的课程开发与实施路径研究"课题研究过程中,通过家校的不断引导,学生的日常行为习惯与课题研究之前相比有了较大转变。通过研究前后问卷数据显示,学生在行为习惯等方面都有了较大改善，综合素质逐步提升。

小学生行为习惯的实验前后变化对比

时间 行为习惯	前（2020年）			后（2021年）		
	较差	一般	较好	较差	一般	较好
生活习惯	47.5%	27.3%	25.2%	15.7%	32.9%	51.4%
作业习惯	39.6%	45.3%	15.1%	12.4%	49.7%	37.9%
阅读习惯	28.6%	42.9%	28.5%	8.3%	28.2%	63.5%
独立自主	16.36%	56.2%	42.44%	8.33%	36.5%	55.17%

通过以上数据对比，可以看出学生已初步养成良好的行为习惯。学生的生活习惯、作业习惯、阅读习惯、独立自主行为习惯均有所提高，乐学、善学、会学、勤学的学生人数不断增多。

【案例追踪】

学生小彤是我们在课题研究之初追踪的个案之一。在读三年级的她，最让老师头疼的是不爱阅读，阅读理解能力以及表达能力极为有限，这不仅严重影响着她的学习成绩，甚至已经开始影响她的人际交往。课题组成员了解了她的情况之后，通过1年多的持续深度家访以及一对一地全程指导，帮助家长树立了正确的教育观，引起了家长对孩子阅读习惯培养的重视，配合学校帮助孩子养成了良好的阅读习惯。到五年级毕业的时候，小彤同学已经阅读了百余本课外书。不仅如此，她的作文水平也大有提高，在山东省首届青少年"相约文化消费季·品味齐鲁新风采"征文比赛中荣获二等奖。

读是写的基础，写是读的应用。学校通过组织"星级学生"评比活动，每月评比"文明星""特长星"和"读书写字星"，有效引导了家长对学生行为习惯的关注与培养，促进了学生良好习惯的养成。亲子阅读有效推动了学生写作能力的提升，取得了丰硕的成果。多名学生在各级作文大赛中获奖，诸多习作在媒体刊物上发表。

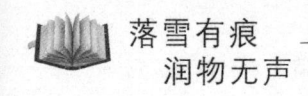

三、深耕家庭教育，助力教师成长

（一）家庭教育指导教师队伍逐步形成

在"润合共育"的实践过程中，通过"引进来，走出去"的培训模式以及请专家进校讲座、外派教师学习等方式，一支专业的家庭教育指导教师队伍逐步形成。在"相约文化消费季·品味齐鲁新风采"征文比赛中，多名教师获得优秀指导教师奖。在烟台市"国学小名士"经典诵读活动中，学校荣获优秀组织奖。教师执教过多例省、市级家庭教育指导课，其中"孩子难管怎么办"一课在山东省家校协同育人优质课程资源征集中脱颖而出，获评"山东省家庭教育优秀案例"。

在这些"种子教师"的辐射带动下，全体教师的整体素质得到了较大幅度的提升，发现问题、分析问题、研究问题、解决问题的整体水平有了明显改善。通过实践后的反思与案例分析，教师队伍逐渐形成了符合学情、班情、校情的更为行之有效的教学方法与教学模式。

（二）教师专业素养教育技能不断提升

教师在"润合共育"的实践探索中，成为具体合作活动的推行者、咨询者、指导者，成为学生的导师、家长的朋友，家庭指导能力不断提升，形成了一支人人能指导、个个会讲座的专业化家庭教育指导教师队伍。

为帮助家长树立正确的家庭教育理念，掌握科学的家庭教育方法，提高家庭教育能力，我们会以"家庭教育宣传周"为契机，结合国际家庭日，举行以"做新时代智慧父母——《家庭教育促进法》解读"为主题的线上公益讲堂。活动以宣传法律、赋能家长、关爱儿童为目标，集中开展系列主题宣传和指导服务活动。由各班班主任担任讲师，根据学生身心发展特点及家长实际情况，紧扣不同学段的家庭教育问题展开探讨。低年级的家庭教育主题是"如何培养孩子良好书写习惯""实施家庭教育，懂法也要懂'法'"等，中高年级的家庭教育主题是"三年级家庭教育讲座""培养孩子的学习内驱力""悟青春期沟通技巧，做新时代智慧父母"等。

一年级根据学生特征"对症下药"，从书写姿势指导、教师线上书写示范及学生练习注意事项等多个维度循循善诱，引导家长帮助学生养成良好的书写习惯。

二年级在解读《家庭教育促进法》的基础上，就"无条件的爱与溺爱的区别"和"谈谈孩子粗心"两方面，帮助家长在家庭教育的实施过程中举一反三、守正创新、活学活用。

三年级指出"一切没有驱动力的现象背后隐藏的都是家庭关系的问题"，进一步明确：处理好亲子关系是一切的前提。希望所有家长都能成为孩子的精神支持者和陪伴者，让孩子成为眼中有光、心中有爱的人。

四年级倡导每个孩子的内心都有一台"发动机"，如果"发动机"不运转，那么无论施加怎样的外力，这辆"人生之车"也无法行驶起来。作为家长，真正需要做的是让孩子自发地形成学习驱动力，实现自我激励，让他们知道自己有无限的潜力。

五年级立足调查问卷分析，就"如何与青春期的孩子进行沟通交流"展开线上交流研讨，指导家长通过平等对话，掌握孩子的心理脉搏，陪伴孩子健康快乐成长。

线上家庭教育讲堂传播了先进教育理念，并根据学生年龄特点与突出问题，有的放矢地传授了促进学生健康成长的有效方法，不断推进家校协同育人进程。

在"润合共育"家庭教育课程体系建设的实践中，我们立足长远、关注细节，充分挖掘家庭、学校、社会协同育人潜能，发挥学校育人优势，打造学生健康成长的教育生态，开发出与时俱进的家庭教育资源，精心创设家庭教育系列课程，并通过线上、线下全面推广。在这一过程中，教师的课程创造力不断提升，教育视野得以拓展，教育科研能力也不断增强。

在"润合共育"家庭教育课程的实施过程中,教师通过深度家访、电话沟通、体验互动等方式,对家庭教育进行全方位、系统化的指导,并根据不同学生的行为特点进行个性化指导,逐步形成"润合共育"特色指导体系。教师的家庭教育服务力不断增强,学校的家庭教育指导能力得以全面提升。

家校协同育人,是时代的迫切要求,亦是学校与家庭共同的责任和义务。第六小学"润合共育"基于家庭教育问题和学生发展特点,与家长携手打造"和合共生"协同育人生态体系。通过"1＋3＋N""润合共育"模式,创设家庭教育系列课程,在实践与反思中,不断丰富课程内容、拓展实施路径,帮助家长提升家庭教育能力,于点滴中培养孩子良好习惯,让孩子在润物无声、和合共育的环境中健康成长、全面发展。

参考文献

[1]教育部关于全面深化课程改革落实立德树人根本任务的意见[EB/OL].(2014-4-8)[2022-3-1].http://www.moe.gov.cn/srcsite/A26/jcj_kcjcgh/201404/t20140408_167226.html?pphlnglnohdbaiek&wd=&eqid=892dc22c000dd7c600000002643605d1.

[2]邓伟.培育学生核心素养研究[M].银川：宁夏人民出版社，2020.

[3]戴圣纂，《语文新课标必读丛书》编委会.礼记[M].西安：西安交通大学出版社，2013.

[4]司马光.资治通鉴[M].哈尔滨：北方文艺出版社，2019.

[5]本书编委会.中小学德育工作指南实施手册[M].北京：教育科学出版社，2017.

[6]叶一舵.中小学心理健康教育基本原理——教师通识读本[M].福州：福建教育出版社有限责任公司，2008.

[7]顾明远.教育大辞典[M].上海：上海教育出版社，1992.

[8]范国睿.中国教育政策蓝皮书（2019）[M].上海：上海教育出版社，2020.

[9]袁帅.教育改革视域下的劳动教育思想及实践研究[M].北京：知识产权出版社，2020.

[10]张大均.教育心理学[M].北京：人民教育出版社，2011.

[11]Ron Miller.学校为何存在？美国文化中的全人教育思潮[M].

张淑美，蔡淑敏，译．台北：台北市心理出版社，2007．

［12］习近平．之江新语［M］．杭州：浙江人民出版社，2007．

［13］王萌，孙洪涛．"五育融合"的概念、理论基础与实践路径研究［J］．教育理论与教育管理，2022（42）．

［14］恩斯特·卡西尔．人论［M］．李琛，译．北京：光明日报出版社，2009．

［15］尹后庆：以"核心素养"为本的教学［EB/OL］．（2016-11-10）［2022-8-10］．http：//edu.people.com.cn/xiaoyuan/n1/2016/1110/c408248-28851683.html．

［16］梁启超．中学以上作文教学法［M］．北京：首都经济贸易大学出版社，2018．

［17］顾黄初．顾黄初语文教育论集［M］．北京：人民教育出版社，2022．

［18］李泽民，叶成珠．例谈语文教学的横向拓展与纵向辐射［J］．小学教学研究，2018（4）．

［19］倪敏达．《礼记·学记》的教育智慧：《礼记·学记》细讲［M］．北京：中国华侨出版社，2016．

［20］中华人民共和国家庭教育促进法［EB/OL］．（2021-10-23）［2022-3-1］．http：//www.npc.gov.cn/npc/c30834/202110/8d266f0320b74e17b02cd43722eeb413.shtml．

［21］李燕，吴维屏．家庭教育学［M］．杭州：浙江教育出版社，2009．